国家出版基金项目
NATIONAL PUBLICATION FOUNDATION

清代考試制度資料

章中如◎著

山西出版傳媒集團
山西人民出版社

圖書在版編目(CIP)數據

清代考試制度資料 / 章中如著. -太原: 山西人民出版社, 2014.12
(近代名家散佚學術著作叢刊 / 許嘉璐主編)
ISBN 978-7-203-08859-2

Ⅰ. ①清… Ⅱ. ①章… Ⅲ. ①考試制度-史料-中國-清代 Ⅳ. ①D691.46

中國版本圖書館CIP數據核字(2014)第289794號

清代考試制度資料

主　　編　許嘉璐
著　　者　章中如
責任編輯　秦繼華

出 版 者　山西出版傳媒集團·山西人民出版社
地　　址　太原市建設南路21號
郵　　編　030012
發行營銷　0351-4922220　4955996　4956039
　　　　　0351-4922127(傳真)　4956038(郵購)
E-mail　sxskcb@163.com　發行部
　　　　　sxskcb@126.com　總編室
網　　址　www.sxskcb.com

經 銷 者　山西出版傳媒集團·山西人民出版社
承 印 廠　山西出版傳媒集團·山西人民印刷有限責任公司

開　　本　700mm×970mm　1/16
印　　張　13
字　　數　99千字
印　　數　1—3000冊
版　　次　2014年12月　第1版
印　　次　2014年12月　第1次印刷
書　　號　ISBN 978-7-203-08859-2
定　　價　29.00圓

《近代名家散佚學術著作叢刊》編委會

出版説明

近代名家散佚學術著作叢刊選取一九四九年以後未再刊行之近代名家學術著作共一百二十册，編例如次：

一、本叢書遴選之著作在相關學術領域具有一定的代表性，在學術研究方向、方法上獨具特色。

二、爲避免重新排印時出錯，本叢書原本原貌影印出版。影印之底本皆經專家組審定，原書字體大小、排版格式均未做大的改變，原書之序言、附注皆予保留。

三、本叢書分爲八大類，以作者生卒年編次。

四、爲使叢書體例一致，本叢書前言後記均采用繁體字排版。

五、個别頁碼較少的版本，爲方便裝幀和閲讀，進行了合訂。

六、少數學術著作原書内容有個别破損之處，編者以不改變版本内容爲前提，部分進行修補，難以修復之處保留缺損原狀。

七、原版書中個别錯訛之處，皆照原樣影印，未做修改。

八、所選版本之抽印本頁碼標注，起始至所終頁碼均照原樣影印，未重新編排標注新頁碼。

由於叢書規模較大，不足之處，殷切期待方家指正。

總序／

披沙瀝金，以爲鏡鑒

◇許嘉璐

多年來有一個問題始終在我腦中盤桓：爲什麽在十九世紀末到二十世紀初，在短短的幾十年裏，中國的各個學術領域竟涌現了那麽多大師級的人物？這是中國近代史上一個極爲重要的現象，我認爲，如果不能給出令人滿意的答案，我們撰寫的近代學術史將是不完整的，甚至是缺乏靈魂的。後來我知道，著名人類學家克羅伯曾提出過一個問題：爲什麽天才成群地來？看來這種現象的出現並非中國所獨有，思考其所以然的也大有人在。而在那一次世紀之交中國的情况，似乎應驗了「天才成群地來」這個令克氏久久不解的疑問。錢學森先生曾從相反的方向提出了相同的疑問：爲什麽我們這個時代出現不了杰出人才？後來人們稱這個問題爲「錢學森之謎」。

要回答這些疑問不是件容易的事。與其迅速地囫圇地探尋，不如先多了解那些讓中國近代學術（應該包括人文科學和自然科學）史上閃耀着光輝的大師們的作品和自述，從而在腦海里盡量「復原」他們所處的環境和在那種環境下的心理路徑，從中或許可以得到一些啓示。

有一點是顯然的，這就是他們雖然都已遠離塵世而去，但是他們獨立思考的品性、求知治學的真誠、困厄窮愁中對節操的堅守，恐怕是他們共同的主觀因素，一直影響到現在，而且將會永遠留存下去。

就思想界、學術界而言，二十世紀上半葉是一個新説和舊説碰撞，中學和西學融匯的大時代。那時的學人極爲重視言行操守，同時具備現代知識分子的理想信念；他們的學術研究十分純净，絶少功利因素；他們的視界開闊，以包容的心態和嚴謹的風格造就了成果的大氣與厚重。至於在客觀因素一面，他們實際是在用工業化時代的事實解說着太史公所說的名山之作「大抵聖賢發憤之所爲作」，困厄苦難使得他們「皆意有所鬱結」。這種鬱結，幾乎和個人的名利毫無牽涉，他們永遠不能釋懷的，是民族的存亡、國運的興衰、民衆的福禍和文脈的續斷。

那個時代也是近代歷史上最大規模的中西古今學術調適、創新的時期，學術方法上的交互滲透和融合、創新亦可謂「於斯爲盛」。斯時之學人是要在封閉的屋墻上鑿出窗子的勇士，是使人能够看看外部世界的第一批導夫先路者；或者可以說，他們是在「意有所鬱結」時「彷徨」和「吶喊」的「狂人」。

相對於那時的哲人們，後來者是幸運兒。現在的形勢是，近三十年來學界空前繁榮，衆多學科有了長足之進，其中很重要的一點是學界有了更新穎、更廣闊的國際視野，似乎接續上了百年前的學壇盛事。但細想想，「古」與「今」還是有差別的。其异，主要不在於世界情勢、學術進展、工具改善這些客觀存在，而在於在廣泛吸收各國優長的同時，自身文化的主體性越來越受到重視，換言之，「拿來主義」已經延長了「拿來」的程序，加上了試用、甄別、篩選、吸收、融合、成長。就我孤陋所見，在當今地球上，面向所有異質文明，努力汲取我之所缺，其範圍之大和心態之切，似乎無出中國之右者。從這個角度說，我們已經超越了前輩。但是事情還有另外一面，學術，特別是人文學科，其職業化、「沙龍化」和功利性，以及隨之而來的浮躁病却嚴重了。從這個角度說，是不是我們已經後退得够可以的了？而這是不是我們這個時代出不了大師的原因之一呢？

民國學術界的特點之一是極爲注重對傳統的反省、批判與繼承。他們對傳統文化盡最大的努力進行整理和研究。一方面，由於戰亂頻仍，民不聊生，學者們擔起了讓中華文化薪火相傳的歷史責任；另一方面，他們要通過對中國傳統文化的整理，挖掘來重振民族自信心。這一時期對傳統文化進行整理的全面而深入是前所未有的，舉凡文字學、語言學、經濟學、法學、哲學、政治制度、書法繪畫、金石學……規模之宏大，研究之精微，令人嘆爲觀止。

民國學術推動了現代學科體系的建立。在對傳統文化整理和研究的基礎上，吸收西方的文化思想和理念，推動和建立了中國現代學科體系。例如，在對語言文字和音韵學成果進行整理、研究的基礎上開始着手規範之，建立了國語學；深入研究書法、國畫，將其融入了現代美術學科；在廢除舊有學制後逐步建立起小、中、大學較完整的科目和學科體系。

民國學術也改變了傳統學術方式，建立了新的研究範式。以現代科學考古爲發端，科研的實踐和成果使中國知識界真正認識到在實驗、比較基礎上的邏輯分析對學術研究的重要，推進了中國學術的一大演變。至於我們常説的打破士大夫傳統、走出書齋到田野鄉村和市民中進行調查研究、結束了經學時代、以歷史眼光檢視儒學和諸子等等，都是確立新學術範式的努力。這一轉變，也標誌着中國學術界脱胎换骨，全面進入了現代，爲此後的學術發展奠定了堅實的基礎。當然，西方啓蒙運動以來，在「現代性」和「現代化」裏潛伏着的缺陷和謬誤也傳到了中國，這些不能不在前哲的著作裏留下痕迹。這並不奇怪。類似的情况，古往今來孰能免之？猶如今天的我們，誰敢自稱我之所見就是永恒的真理？在這個問題上兩個時代所異者，或許就在昔時大家創立新説或譯註西學著作，往往是懷着對學術和前哲的敬畏而爲之，故而常常誤不在我；當今則往往出於對學問和他人的輕蔑，或以所研究的對象爲謀己的工具，因而難辭主觀之咎吧。翻閲他們的心血之作，這些復雜的狀況可以顯見，可以視之爲我們的一面鏡子。

滄海桑田，世事變幻，歷史的動盪和時代的遮蔽，使當年許多大師的一些極有價值的學術著作被棄於故紙堆中，不能不令人有遺珠之憾。爲此，山西人民出版社不惜以數年之艱辛，披沙瀝金，編輯出版這套近代名家散佚學術著作叢刊，凡一百二十册，計文學、史學、政治與法律、美學與文藝理論、民族風俗、宗教與哲學、經濟、語言文獻共八大類別。所選皆爲作者之純學術著作，無論是其見解、精神，抑或是其時代烙印，都是後輩學人可資借鑒的寶貴財富。他們出版這套叢書，意在讓世人不忘來程，知篳路藍縷之不易，爲民族文化的傳承再增薪木。

出版社的初衷，與我近年來所思所慮近似，故願略述淺見於書端，以與策劃者、編輯者和讀者共勉。

二〇一四年七月六日

改定於自安東回京途中

前言

◇汪高鑫

中國近代的歷史，交織着多重矛盾。有傳統社會所具有的階級矛盾，有因帝國主義入侵而激化的民族矛盾，還有新舊思想觀念的矛盾，等等。正是社會矛盾的激盪，促進了近代社會的運動、嬗變與轉型，帶動了社會各種思潮的不斷涌現，進而引發了各種史學思潮的興起和近代史學的發展。一言以蔽之，近代中國史學與史學思想的發展變化，與近代中國社會的變遷是休戚相關的。

民國時期的社會變遷與轉型，直接促成了民國史學的發展和史學觀念的改變以及史學方法的創新。縱觀民國時期社會變遷與史學的發展，大致可以劃分爲兩個時期，第一個時期從一九一二年民國成立到一九三七年抗戰爆發，第二個時期從一九三七年抗戰爆發到一九四九年新中國成立。

第一個時期，中國社會的變遷大致經歷了從中華民國建立到北洋軍閥統治、從五四運動的爆發到兩次國内革命戰争兩個階段。與此相對應，民國史學的發展也緊隨時代變化，明顯呈現出時代特徵。

在第一個階段，中國爆發了辛亥革命，結束了兩千多年的帝制統治，建立了資産階級民主共和體制的中華民國，然而資産階級臨時政府的權力很快又落入到袁世凱北洋軍閥手裏，中國政治進入了北洋軍閥黑暗統治時期。以梁啓超爲代表的一些早期提倡新史學的史家，因爲對袁世凱政府抱有幻想，而參加了北洋軍閥政府，由於忙於事務性的工作，早前由他們發動的資産階級新史學工作因此被耽擱了。這一時期新史學流派的歷史研究没有取得什麽實質性的成果。

北洋軍閥政府的獨裁統治與尊孔復古，激起了全社會的反抗，隨着維護資産階級民主共和的護國運動和護法運動的相繼開展，思想文化領域反對尊孔復古的新文化運動也於一九一五年開始廣泛開展起來，「民主」與「科學」便是這一運動所打出的旗幟。與此同時，大概自一九一六年以後，隨着一些留美、日、歐學生先後歸國，帶來了各種資産階級新思想。一時間，各種西方新學説不斷涌入，如英國羅素的社會改良主義、法國柏格森的生命哲學、德國李凱爾特的新康德主義、美國杜威的實用主義、馬克思主義，如此等等，當時中國的思想界可謂非常活躍。這些新學説、新思想的涌入，大大激發了這一時期中國史學家們的史學思想與歷史研究，各種新的史學研究方法得到介紹和提倡，史學出現了新的氣象。

從新文化運動到一九一九年五四運動時期，史學的代表人物主要有胡適、王國維、李大釗等人。胡適一九一七年留美回國後，很快成爲新文化運動的代表人物之一。在治學方法上，他將美國學者杜威的實驗主義運用到史學研究當中，於一九一九年提出了「大膽的假設，小心的求證」的治史方法和「整理國故，再造文明」的口號，發表了中國哲學史大綱這一以實驗主義研究中國歷史的示範之作，由此開啓了近代中國實證主義史學。王國維一九一六年留日歸國後，致力於甲骨文、今文和古器物考釋等的研究，一九一七年寫成的殷卜辭中所見先公先王考、殷周制度論，是考古學與歷史學相結合的開創性的研究成果。胡適與王國維等人的史學研究與方法，開創了近代中國史學研究的新範式。李大釗是近代中國第一個傳播馬克思主義的史學家。他於一九一六年留日歸國後，便積極投身於新文化運動中。當年發表了長文民彝與政治，從學理上論述如何根除帝制獨裁問題；次年發表了自然的倫理觀與孔子，對北洋軍閥政府尊孔復古進行抨擊；一九一九年在新青年上發表了我的馬克思主義觀，開始係統介紹馬克思主義史學理論，由此奠基了中國馬克思主義歷史觀。

第二個階段，爲中國兩次國内革命戰爭時期。第一次國共合作北伐，取得了反對北洋軍閥統治的勝利；第二次國共内戰，其間日本帝國主義不斷擴大侵華，民族危機日益加重。盡管這一時期的中國戰亂不已，國家還面臨着嚴重的民族危機，卻是民國史學大發展時期；而造就這種大發展的原因，既有五四新學術思想的持續爆發的因素，也與二十世紀二三十年代社會變遷密不可分。

二十世紀二三十年代民國史學的大發展，突出表現在新歷史考證學上，這顯然是對五四時期開啓的實證史學的繼續和發展。一九一九年底，胡適發起「整理國故」運動，從歷史學的角度提出「整理國故」的步驟與方法，繼續宣揚他的所謂學術求真。胡適認爲，「整理國故」的目的在於學術求真，並非現實致用，並提出了「整理國故」的四個具體步驟：第一步是條理係統的整理，第二步是尋出每種學術思想發生原因和效果，第三步是要用科學的方法做精確的考證，第四步是綜合前三步的研究還他一個本來面目。應該説胡適的「整理國故」對於歷史研究有着方法論的意義。受胡適疑古實證思想影響的顧頡剛，在史學上的突出成就和影響，是提出「層累地造成的中國古史」的觀點，以及創辦古史辨，推動中國古史的研究。顧頡剛古史辨的具體成就，除去提出「層累地造成的中國古史」的命題，還揭示了三皇五帝古史係統由神話傳説層累造成，打破了民族出於一元和地域向來一統的傳統説法，以及對古書著作時代的大量考訂。顧頡剛的治史宗旨，用他自己的話來説，就是「只當問真不真，不當問用不用」（注一）。傅斯年曾經留學德國，深受西方蘭克「史料即史學」的實證主義影響。一九二八年創辦中央研究院歷史語言研究所，大力宣揚蘭克史學思想。按照傅斯年的説法，「學問之道，全在求是」（注二），一分材料只能説一分話，史學便是史料學。王國維在這一時期的歷史考證涉獵廣博，於漢晉木簡研究有流沙墜簡考釋、墜簡考釋補證和簡牘檢署考，於敦煌寫卷研究有與羅振玉合編的敦煌石室遺書，於甲骨文等古文字研究貢獻尤大。在治史方法與理論上，王國維的

「二重證據法」之「古史新證」理論，對於民國史學的影響極大。陳垣這一時期的治史集中於宗教史和文獻學。於宗教史上，從一九一七年至一九二三年，他先後發表了元也里可溫考、開封一賜樂業教考、火祆教入中國考和摩尼教入中國考，合稱「古教四考」；於文獻學上，他對目録學、年代學、史諱學和校勘學等領域多有建樹。陳垣治史以重史源、講類例爲其特點。以上史家雖然治學方法與特點不盡相同，但都以考證見長。

這一時期「新史學」史家的史學研究與方法也取得了一定的成就。梁啓超這一時期的史學研究可謂多産，從一九二〇年至一九二七年，先後發表清代學術概論、先秦政治思想、中國歷史研究法及補編、中國近三百年學術史和古書真僞及其年代等，治史重點在學術史與方法論。與當年發起「新史學」相比，梁氏這一時期的史學研究呈現出廣疏多變的特點。何炳松在「新史學」思潮中可謂獨樹一幟，他於二十世紀二三十年代中國史學界的最大影響，便是對魯濱遜新史學的介紹和評論。何炳松係統闡發了「新史學」的「綜合史觀」，主張歷史研究要反映人類活動的全部，史學研究的方法應該多元化，如統計學的方法、生物學的方法等等，要綜合利用各種學科的成果特別是新學科的進展開展歷史的研究，並表達了對於歷史學的意義、價值和發展前景的看法。

與此同時，這一時期的馬克思主義史家對歷史學的研究繼續做出了貢獻。一九二四年，李大釗出版史學要論，運用唯物史觀對歷史、歷史學、歷史學的係統、史學在科學中的地位、史學與其他相關學科之間的關係、現代史學的研究及於人生態度的影響等史學基本理論問題作了闡述。一九二七年大革命失敗後，一些關注中國前途與命運的學者受到困惑，於是一場關於中國社會性質的大論戰逐漸開展起來。馬克思主義史家積極參與其中，郭沫若便是其中的杰出代表。一九三〇年，郭沫若出版了中國古代社會研究一書，這是民國時期中國第一部運用唯物史觀分析、解剖中國古代社會的著作。該書以物質資料生産方式的發展和變革來解釋中國古代社會歷史發展的全過程，論證中國歷史發展與世界歷史發展的共同性，對中國古史分期提出了自己獨創性的看法。參與社會史大論戰的馬克思主義史學家還有吕振羽、何幹之、翦伯贊、侯外廬、鄧拓等人。但總體來看，與歷史考證學派相比，這一時期的「新史學」派和馬克思主義史學派並不佔據主流。

第二個時期，中國經歷了抗日戰爭和解放戰爭，民國史學在這個時期的表現有兩個顯著特點：其一是緊緊服務於抗戰的需要而出現的抗戰史學；其二是馬克思主義史學得到了迅速發展，逐漸形成自己的革命史學體係。

抗日戰爭的爆發，引起了中國史學界巨大的震撼。面對中華民族出現前所未有的嚴重危機，在第一時期佔據史學主流地位的新考證學派史家，他們過去那種一味重視學術求真，而不講究學術致用的治史價值取向，在這時發生了重大改變，開始以史學積極服務於抗戰。早在九一八事變以後，面對中華民族的危機，顧頡剛、傅斯年、陳垣等考證學派史家就開始拿起自己的史筆，積極投身於抗日救亡的時代大潮中。顧頡剛一九三四年創辦禹貢半月刊，開始高舉愛國主義的民族主義旗幟。之所以要以「禹貢」爲刊名，按照顧頡剛的説法，是「今日談起禹域，都會想起『華夏之不可侮與國土之不可裂』」（注三）。很顯然，禹貢半月刊的宗旨，便是要通過對於邊疆歷史地理的研究，激發全民族抵抗日本帝國主義侵略的熱情與決心，以達到維護祖國領土完整的目的。傅斯年在九一八事變後，出版了東北史綱，以大量史實論證東北自古以來就是中國的固有領土，對日本帝國主義御用歷史學家的種種歪曲史實的謬論予以駁斥。全面抗戰爆發後，傅斯年又寫了中國民族革命史一書，雖然是未完稿，卻已經表達了他的民族思想。該書以歷史爲依據，充分論證了中華民族的同一性、整體性和不可分割性，因此，在面對日本帝國主義侵略中國的嚴重危機的緊要關頭，中華民族應該團結起來共同禦侮，要發揚中華民族百折不撓的精神，樹立起中華民族抗戰的必勝信心。陳垣在新中國成立後給友人的書信中講到了九一八事變後他的治史取向的轉變：「九一八以前，爲同學講嘉定錢氏之學；九一八以後，世變日亟，乃改顧氏日知録，注意事功，以爲經世之學在是矣。」（注四）抗戰爆發後，陳垣當時身陷淪陷區，卻堅持以史學爲抗戰服務，其中最具代表性的史著便是「宗教三書」和通鑑胡注表微。所謂「宗教三書」，是指明季滇黔佛教考、清初僧諍記和南宋初河北新道教考，雖然講的是宗教，卻表現了愛國的民族情操。明季滇黔佛教考是表彰明末遺民的愛國精神與民族氣節；清初僧諍記是通過宗教史的研究，來揭露變節者，抨擊賣國求榮的漢奸；南宋初河北新道教考也是用以表彰抗節不仕之遺民。通鑑胡注表微是陳垣最具代表性的史學著作，也是一部關注現實的史著，書中表現出了陳垣對歷史前途和民族命運的思考。錢穆在抗戰時期的史學研究，愛國的民族主義色彩也非常濃厚。一九三七年，錢穆寫成了與梁啓超同名史著中國近三百年學術史。該書以思想文化爲基礎和綫索，以學術傳承爲核心，通過史實證明中國傳統文化的優越性，旨在提醒國人要重視挖掘中國傳統文化的長處和價值，持守中國傳統文化的精神，保持一種民族的自信心。毫無疑問，這種民族自信對於全民族團結抗戰是非常必要的。一九四〇年，錢穆多年國史教學講義國史大綱出版。該書以「國史」作稱謂，反映了作者作史的民族國家本位意識。錢穆明確指出：「治國史之第一任務，在能於國家民族之内部自身，求得其獨立精神之所在。」（注五）該書的具體内容也充分體現了這一精神，它將文化、民族與歷史三者結合起來對中國歷史加以考察，認爲這種歷史發展過程即是民族文化精神的演進過程，歷史研究的目的不僅在於弄清楚歷史的真實，更重要在於弄清楚歷史背後蘊藏的民族文化精神，從而積極地去傳承這種民族文化精神。

當然，新考證學派史家開始轉向經世致用，只是治史的價值取向發生了變化，並不等於放棄了一貫的注重考證的治史方法。相反，在民國後期，這種治史方法還得到了發展，并且取得了很多重要成果，陳寅恪的詩文箋證和「民族文化之史」的論述便是典型代表。陳寅恪屬於考證學派代表人物之一，這一時期出版的隋唐制度淵源略論稿和唐代政治史述論稿是其考證隋唐史的力作。陳寅恪對於史料的運用有自己獨到的見解，認爲史家之於史料應該善於審定，辯證地看待真僞；同時要善於利用史料，詩詞、小説，以及稗史、筆記等，都可以用做歷史研究的材料，這顯然是一種「通識」的史料觀。陳寅恪詩文箋證的治史方法，即是在這種史料觀的指導下産生的，具體做法是以歷史記載去箋證詩文，同時詩文又可用以證史、探討史事，從而開闢出了一條新的證史路徑。一九五〇年出版的元白詩箋證稿，以及晚年寫成的巨作柳如是別傳，便是運用這種方法的代表作。陳寅恪關於「民族文化之史」的論述，其基本内涵包括政治制度、社會習俗、學術思想、文學藝術。陳寅恪的歷史觀念，是要以民族文化爲根基，同時吸收外來學説，由此構建起本民族思想文化體係；而不談經濟基礎的作用，則是其歷史觀念的局限性。

這一時期的中國馬克思主義史學家，不但積極投身於抗戰史學當中，爲全民抗戰進行歷史研究，而且把歷史研究與當時的革命鬥争相結合，逐漸形成了馬克思主義的革命史學。縱觀這一時期中國馬克思主義史學研究，主要在以下三個方面取得了顯著成就：其一是社會史研究，代表史家有吕振羽、鄧初民、侯外廬等人。吕振羽於一九四二年出版了中國社會史諸問題，該書是對二十世紀二三十年代中國社會史問題論戰的一個較爲係統的總結，正如作者在新版序言中所説，該書「反映了中國新史學在歷史科學戰綫上的鬥争過程中的若干情況，也反映了有關各派對中國史問題的基本立場、觀點、方法及其在一定時期的發展過程，可作爲中國馬克思主義史學史的參考資料」。鄧初民於一九四〇年和一九四二年分别撰寫出版了社會史簡明教程和中國社會史教程，兩書運用馬克思主義唯物史觀，分别論述了人類社會歷史的發展過程及其規律和中國社會歷史的發展過程及其規律。在中國社會史教程一書中，鄧初民指出了中國社會發展的前途是光明燦爛的，我們應該要「努最後必死之力，加以爭取」。侯外廬於一九四七年出版了中國古代社會一書，內容涉及生產方式、政治結構、階級關係、國家和法以及道德起源等問題，見解頗爲深刻。總體來説，這些社會史著作可以被看作是二十世紀二三十年代社會史大論戰的總結、延續和深入。

其二是通史研究。這方面的成就尤爲突出，吕振羽的簡明中國通史、范文瀾的中國通史簡編和翦伯贊的中國史綱都是這一時期的通史名作。吕振羽於一九四一年出版簡明中國通史上册，如同其出版序言所説，該書「與從來的中國通史著作頗不同」，這種「頗不同」主要表現在它「把中國歷史作爲一個發展過程在把握」，「還盡可能照顧到中國各民族的歷史及其相互關係」。一九四八年出版下册，在跋語中作者申明該書的基本精神是「把人民歷史的面貌復現出來」。范文瀾於一九四二年出版了中國通史簡編，該書的基本精神旨在將歷史研究與中華民族的前途相結合，如同作者在上册序言中所説的，「我們要瞭解整個人類社會的前途，我們必須瞭解人類社會過去的歷史；我們要瞭解中華民族的前途，我們必須瞭解中華民族過去的歷史」。這也正是中國通史簡編撰寫的初衷。本着這樣一個目的，該書的編寫運用馬克思主義觀點，肯定勞動人民的歷史作用，重視探尋社會發展的規律，注意分析階級鬥爭的本質，積極反映生產鬥爭的面貌。翦伯贊於一九四三年和一九四六年分别出版了中國史綱第一、二册，該書運用馬克思主義觀點，剖析了商周社會性質以及戰國秦漢社會性質的轉變，注意將中國歷史置於世界歷史的大背景下進行考察，在研究方法上重視以考古材料與文獻資料相結合。

其三是思想史研究，代表史家有吕振羽、何幹之、侯外廬等人。吕振羽於一九三七年出版了中國政治思想史，這是我國第一部運用馬克思主義理論論述中國政治思想的著作。撰述的初衷，是針對陶希聖的同名著述，可以被視爲社會史論戰的延伸。作者解釋所謂的政治思想史，「本質上係同於社會思想史」。全書按社會性質及其發展階段，對上自商朝下至鴉片戰争前的中國政治思想史作了係統論述。何幹之於一九三七年出版了近代中國啓蒙運動史，該書重視將思想運動和社會的經濟結構、政治形態聯係在一起來進行研究，肯定評價各種思想文化必須運用「歷史的眼光」，把思想文化放在特定的歷史環境中進行考察、分析和評價。侯外廬關於思想史的研究建樹最多，他於一九四四年出版了中國古代思想學説史，具體探討了歷史演進與思想發展、新舊範疇與思想變革、思想發展過程與時代個别學説、學派同化與學派批判、學説理想與思想術語、現實與遠景等等的關係，見解深刻；一九四五年出版了中國近世思想學説史，這是一部論述十七世紀至二十世紀中國思想學説發展史的著作，以十七世紀爲啓蒙思想期、十八世紀爲漢學運動期、十九世紀以後爲西學東漸期做劃分；一九四七年主持編寫出版了中國思想通史第一卷，該書編寫的主旨思想，作者在出版序中説，是「特在於闡明社會進化與思想變革的相应推移，人类新生與意識潛移的聯係」。

如果説五四運動以來至抗戰以前的中國馬克思主義史學的傳播主要還只是李大釗、郭沫若等少數人的努力的話，那麽隨着抗日戰争爆發，這樣的局面得到了很大的改觀，馬克思主義史學在此後得到了迅速發展。隨着馬克思主義史學家們在史學研究各個領域的全面開展，并且取得了許多重要的研究成果，一種新的「革命史學」體係便逐漸建立起來了。這種「革命史學」爲抗日戰争和全國解放戰争的勝利做出了重要貢獻，成爲中國共産黨領導的中國革命事業的重要組成部分。

縱觀民國時期史學的發展，明顯呈現出以下特點：首先是階段性。民國史學如同民國社會一樣，處在不斷的嬗變當中，故而呈現出明顯的階段性特點。這種階段性，大致可以分爲民國建立前後從傳統史學向新史學的轉變，五四時期及此後新史學向考證史學（廣義而言考證史學也屬於新史學）的轉變，抗戰時期考證史學向經世史學的轉變，從抗戰到解放戰争時期，馬克思主義革命史學迅速發展。

其次是經世性。民國史學的嬗變，呈現出階段性特點，又是與史學發揮其經世功能緊密相連的。五四新考證學派史學雖然標榜自己的學問「只當問真不真，不當問用不用」，其實他們的考證史學是與五四新文化運動提倡的科學精神分不開的。新考證史學雖然有傳承乾嘉治史方法的因素，更有學習西方，希望建立科學的史學的願望所在。正如顧頡剛所説的，「五四運動以後，西洋的科學的治史方法，才真正傳入，於是中國才有科學的史學可言」（注六）。這種科學的史學，與當時建立科學、民主的中國的社會訴求是相一致的，其實也是具有經世的内蕴於其中的。抗戰時期，包括實證主義和馬克思主義等在内的史家都積極投身於宣傳民族文化當中，則是與當時的救亡圖存聯係在一起的，這種史學經世直面社會問題、直面民族危機，其方式當然更加直截了當。毫無疑問，民國史學在其不同階段，整體上都没有脱離經世的主旨，這也是中國史學的優良傳統。

再次是流派多。這一時期的史學流派可謂异彩紛呈，有新史學派、國粹派、新考證學派、馬克思主義學派等等。每一學派下面又可具體劃分出具有不同特點的派别，如新考證學派雖然都以考證見長，但他們的學術風格還是不盡相同的，據此又可細劃出以胡適爲代表的實證派、顧頡剛爲代表的古史辨派、傅斯年爲代表的史料學派、王國維爲代表的考古派等等。一些學者根據各自不同的標準，對民國史學流派作了不同的劃分，如有信古派、疑古派與釋古派之分，有傳統派、革新派與科學派之分，有考據學派、唯物史觀派和理學派之分，有掌故派、社會學派之分，如此等等，不一而足。

總體來看，民國史學影響最大者，莫過於新考證學派和馬克思主義學派，抗戰以前以新考證學派最盛，抗戰以後馬克思主義學派得到迅速發展。這些史學流派的史學理論與方法，迄今依然成爲我們歷史研究的重要範式。

近代名家散佚學術著作叢刊選取了一九四九年以後未再出版的十六部民國時期的史學著作進行重刊，它們分別是朱謙之的扶桑國考證、魏應麒的中國史學史、衛聚賢的中國考古小史、陳伯瀛的中國田制叢考、謝國楨的清初流人開發東北史、張鵬一的唐代日人來往長安考、鍾歆的揚子江水利考、梁盛志的漢學東漸叢考、顧頡剛、楊尚奎的三皇考、陶棟的歷代建元考、陳述的契丹史論證稿、陳寶泉的中國近代學制變遷史、陳里特的中國海外移民史、鄭鶴聲的史漢研究、章中如的清代考試制度資料和郭伯恭的永樂大典考。之所以重刊這批史學著作，是看到了它們在今天依然有其學術價值所在。作爲一份豐厚的史學遺産，值得我們去加以發掘和繼承。

從所選十六部史學作品來看，明顯打上了民國史學的時代烙印，體現了民國史學的時代特徵。首先，研究内容涉獵廣博。涉獵廣博，是民國史學的基本特點，反映了民國史家學術視野的開闊。選擇重刊的雖然只有十六部史著，涵蓋面卻非常廣博，有史學史方面的，如中國史學史、史漢研究；有學術史方面的，如漢學東漸叢考、永樂大典考；有教育史方面的，如中國近代學制變遷史、清代考試制度資料；有經濟史方面的，如中國田制叢考、揚子江水利考、清初流人開發東北史；有考古史方面的，如中國考古小史；有民族史方面的，如契丹史論證稿；有中外交往史方面的，如扶桑國考證、唐代日人來往長安考、中國海外移民史；還有名號、年號史方面的，如三皇考、歷代建元考等。這樣的全方位的歷史研究，是民國史學的一個縮影。

其次，治學方法重視考證。重視考證，是民國史學的顯著特點。在十六部史著中，除去魏應麒的中國史學史、衛聚賢的中國考古小史、陳寶泉的中國近代學制變遷史、陳里特的中國海外移民史、鄭鶴聲的史漢研究和章中如的清代考試制度資料等六部外，其他十部都是考史著作。涉及的考證領域很廣，有國名、田制、開發、交通、水利、學術、名號和學制等等。在具體考證上，重視方法的運用。如朱謙之的扶桑國考證，按照作者自己在自序中所説，該書是「從文獻學、民俗學、考古學三方面的史料搜集和批評的結果」，這裏既是講史料搜集問題，也是講歷史考證方法。又如陳伯瀛的中國田制叢考，作者也在自序中交代了其作史、考史方法：首在網羅放失，整輯舊聞；次在探究原本；三則覆核名實；四則辨正事蹟；五則鑒古度今。可見該書對廣占資料、辨證核實的重視。

再次，治學宗旨强調致用。經世致用，是民國史學的重要特點，抗戰以後的史學表現尤其突出。所選十六部史著，也體現了重視經世致用的特點。如陳伯瀛之所以要撰述中國田制叢考，按照作者的解説，是因爲田制與農人、社會和國家休戚相關。該書「敍引」就説，田制影響農人生計，農人生計又會影響到社會秩序與和平。又如鍾歆的揚子江水利考，作者在該書「敍言」中論述了撰述該書的原因：一方面民國以前揚子江鮮有水患，所以過去這方面的論著很少；另一方面民國以來的數十年間，揚子江水患頻發，國家需要計劃治理，而治理水災，就必須要先瞭解水文歷史。很顯然，該書是爲了治理揚子江水患的需要而撰寫的，經世意圖非常明顯。再如陳寶泉作中國近代學制變遷史，其實是蘊含了作者教育救國的思想於其中的。在該書自序中，作者明確指出學制與人才問題關係到國家興亡的根本。他有感於當時各國教育制度的日新月異，而中國卻没有關於教育制度的專書作比較，致使切合國情的新的教育一時無由發現。他撰寫該書的目的，便是希望通過總結近代中國學制的變遷，找尋出一種更加適合當時中國需要的新的學制。

最後，歷史見解精辟獨到。如朱謙之扶桑國考證考證扶桑國爲何處，這是對當時世界史學界討論的一個熱點問題的積極回應。自從一七六一年法國人歧尼（De Guignes）發表中國人之美洲海岸航行及住居亞洲遠東之幾個民族的研究，提出扶桑爲美洲墨西哥説以來，引起了世界史學界的長期大討論，基本觀點無非有肯定與否定兩種，否定中又有扶桑國爲日本和樺太的不同説法。朱謙之依據文獻、民俗和考古資料，比較了世界史學界諸説的異同和存在的問題，得出了扶桑即美洲墨西哥的結論，不但駁斥了扶桑非美洲説的觀點，而且對美洲説也作了補充論證，更有説服力。又如魏應麒的中國史學史的問世，按照作者的説法，是「前無作者」的史著，卻表現得非常成熟。該書對中國史學的特質與價值、史籍的位置與類别、史館建置與職守、史學發展之情形、史書體裁之發展、史學理論與方法之運用等等，都提出了自己的見解，即使在今天，也不失爲有創見的反映中國史學史的著作。又如顧頡剛、楊尚奎的三皇考，這是民國考證派史學的代表作之一。在該書中，作者對「皇」、「三皇」、「太一」等相關概念作了係統闡釋，對三皇説與太一説的消長及其相互關係進行了論述，對與三皇相關的伏羲、盤古、女媧等古聖王的地位變化作了考察，對三皇、太一在道教中的地位作了説明，對歷史上關於三皇的信仰與祭祀情况作了梳理，并且旁及河圖洛書、三墳五典等内容。這樣一個係統的考察，旨在論證「三皇」傳説只是托古改制的産物，認爲民族自信力應該建立在理性上，而不是虚假的三皇上。書中闡發的觀點，在當時史學界有很大的影響。應該説所選十六部史著，都是作者的心得之作，這裏不一一贅言。

挖掘、清理和總結民國史學，對於我們全面認識和係統借鑒民國史學，推動新時期中國史學與史學思想的發展是很有裨益的。借此對主持重刊工作的山西人民出版社表達一個史學工作者的由衷敬意！

二〇一四年五月於北京師大京師園

注一　當代中國史學，遼寧教育出版社一九九八年版，第一百五十三頁

注二　史料論略及其他，遼寧教育出版社一九九七年版，第二百頁

注三　禹貢四卷十期，禹貢學會募集基金啓事

注四　陳智超陳垣來往書信集，上海古籍出版社一九九〇年版，第二百一十六頁

注五　國史大綱，商務印書館一九九四年版，第十一頁

注六　當代中國史學，遼寧教育出版社一九九八年版，第二頁

作者簡介

章中如，生平不詳。

序

有清末造，罷廢科舉，後起青年，自無從知其制度。客有以是爲詢者，閒居無聊，因就己所經歷及素所聞知者，筆之於書。孫子寒冰見之，以爲有參考之用，爰刊入政治經濟與法律雜誌。未幾而黎明書局復請以付印，書出竟風行一時，不久即再版；蓋學子藉此以爲研究政治制度史及教育史之助也。惟所舉者，悉晚清之制度；其自開國以迄嘉、道、咸、同諸朝，制度時有變更，所罣漏者甚多；且僅詳於鄉會歲科等試，其他均未具述，殊不足以賅有清一代選舉之成規。茲就朝章國故，詳稽博攷，續爲此編，以補前編之未備，或較有裨於學子之參考云。

皖滁雙百益齋主人再識。

目次

引言

按王制，命鄉論秀士，升之司徒，曰選士。由選士三升，至於司馬，辨論官材，論定然後官之，任官然後爵之，位定然後祿之。昔之王后君公，所以蒐羅俊乂，量能授官，蓋如此其難也。書有曰，『萬邦黎獻，共惟帝臣，惟帝時舉。』又曰，『舉能其官，惟爾之能。』斯蓋選舉之義所權輿矣。自三代後，漢稱得人，選孝秀，舉賢良，詔書策厲至再三。魏晉以後，立九品官人之法，馴至月旦混淆，世族盤據，王謝崔盧，與時升降，風尚之偏，於斯爲甚。隋唐以後，迺有進士明經諸科。宋元以來，亦沿詞賦策論之舊。至故明末造，取士則專尚文學，而武備日弛；論官則爭尚浮言，而實政漸隳。人材楛窳，選舉陵夷。時則清太祖太宗肇啓東邦，廣收俊傑，瑰偉英異之士，應運篤生，際會風雲，策勳鐘鼎，八方士類，莫不望風翕集。馬前俘獲，立授官階，帳外受降，加之章服。一材一藝，皆爭自濯磨，以供後先奔走之用。迨世祖定鼎中原，鄉會開科，詔求遺逸，隨才器使，辨別精嚴。暨聖祖御極六十一年，安內攘外，廷臣文武各展所長。昇平日久，自內廷宿衛，以至督撫外寮官司小吏，或稚齒以及黃髮，或身受以及子孫，銀青金紫，各世其家。小善必揚，片長是錄。凡舉士舉官，考其治行，履經集議而釐定之。世宗作興士類，整飭官方，大法小廉，奉職維謹。自此承歷代之貽謀，加意旁求，知人則哲。一切選舉之法，循名核實，綱舉目張。較馬貴與通考，少爲變通，首舉士，次賢良方正，合以孝廉，次武舉，次任子，次吏道，次方伎，又次舉官，次辟舉，而終之以考課，凡九門。

一　舉士

按周禮，『以鄉三物教萬民而賓興之』有六德六行六藝之目，是爲舉士所肇端。因是孟子有上士中士下士之名，戴記有選士俊士造士進士之辨。故離蔬釋蹻而登王廷者，皆得以士目之。漢時取人多以椽吏起家，以辟署任事。至於舉士者，詔旨命之曰賢良方正，曰孝廉，曰博士弟子，曰茂才，曰明經，則皆士也。魏晉專尚門弟，隋唐漸用科目，宋遼金元明，試士之道各殊，而專用文藝以決擇流品，歸於一致。蓋鄉舉德行而後文章，意非不善，而矯僞相尚，易售其欺。試之文藝，得明敏通達之才，足以集事。伊古以來，名臣碩士，未嘗不出其中。是以有清尚仍其制，惟是歷代相承，首端士習，垂訓誡於宮牆，杜弊端於場屋。其有行險僥倖，希心弋獲者，懲一警百，立法綦嚴。蓋因制藝代聖賢立言，所以欽定四書文，爲之正鵠，親幸貢院，賜以天章。右文愛士，似較歷代爲重也。

乙卯年，太祖論羣臣曰：『嘗聞古訓，心貴正大。予思心之所貴，誠莫過於正大也。卿等薦人，勿曰吾謂舍親而舉疎也，當不論家世，擇其心術正大者薦之，不拘門第，視其才德優長者舉之。凡爲政，卽一才一藝之士，猶爲難得；若有其人，堪輔弼大業者，急宜顯陟之耳。』

天聰三年，上諭曰：『自古國家文武並用，以武功戡禍亂，以文教佐太平。朕今欲振興文治，於生員中考取其文藝明通者，優奬之，以昭作人之典。諸貝勒府以下，及滿漢蒙古家，所有生員，俱令考試。於九月初一日，命諸臣公同考校，各家主毋得阻撓。有考中者，仍以別丁償之。」

崇德六年，內三院大學士范文程等，奏請於滿漢蒙古內，考取生員舉人。上從容諭曰：『忠經有云，在官惟明，蒞事惟平，立身惟清。聽不可以不聽，視不可以不明。清則無欲，平則無曲，明能正俗。聽則審於事，明則辨於理。爾等當善體此言，從公考校。』

順治元年，定舉行鄉會試年分：會試定辰，戌，丑，未年，各直省鄉試，定子，午，卯，酉年。

二年，定錄送鄉試科舉額數：照各直省每額中舉人一名，止許取應試生儒三十名。提學考試精通三場者，方准應試。不得將初學之士，冒濫錄送。亦不許仕宦子弟，於父兄原任衙門，移文起送。凡在籍恩歲貢生監生，願就本省鄉試者，俱許與生員一體考送。又在監肄業貢監生，俱聽本監官考選科舉。若直隸貢監生內，有仍赴學政，及吏部考送京府應試者，通編皿字號，亦不許混入生員。

定順天及各直省房考分校事宜：禮部議定制科取士，全繫司衡；今後鄉試主考，除翰林六科，照例皆以次差遣，臨期倍取正陪，題請欽點外，其餘各衙門咨送，務遴才品，不得但取資次，亦不得浮獵聲華。順天鄉闈，用中行評博，及應選進士。如不足，取在外推知。到京卽送察院衙門關防扃鑰。屆期，會宴入簾分校。各直省房考，取本省科甲屬官。不足，聘鄰省科甲推知，及鄉貢教官。掛議遷謫者不與。

又禮部疏請直省府州縣學生員，應令各學選拔文行兼優者，大學二名，小學一名，送國子監肄業，聽監臣考課，仍以貢監名色，彙送應試。從之。

定鄉會試三場試題之制；禮部議覆給事中龔鼎孳疏，言故明舊制，考取舉人，第一場時文七篇，二場論一篇，表一篇，判五條，三場策五道。今應如科臣請，減時文二篇，用時文五篇。於論表判外，增用詩。去策，改用奏疏。上不準所請，命考試仍照舊例：初場四書三題，五經各四題，士子各占一經。四書主朱子集註，易主程傳，詩主朱子本義，書主蔡傳，春秋主胡安國傳，禮記主陳澔集說。二場論一道，判五道，詔誥表內科一道，三場經史時務策五道。鄉會試同。

又定題差鄉試主考官日期事例：禮部將應差直省鄉試主考，先後疏名上請，雲南貴州，四月初一日題；四川廣東廣西福建，五月十二日題；浙江江西湖廣，六月十三日題；陝西江南，六月二十三日題；河南，七月十三日題；山東山西，七月二十日題；順天，八月初四日題。各省主考官題請後俟命下，剋期起行。不許因便攜家，不辭客，不攜帶多人騷擾驛遞，幷滋奸弊。所過州縣，遞相防護。不遊山水，不接故人，不交際。一到，提調官卽迎入公館，止許監臨監試提調一拜，考官不回答。事完日，方許相見，以避嫌疑。其未入貢院以前所寓公館，仍用考官封條，聽監臨御史委巡邏官，依時啓閉。凡主考官欽點後，有實在患病，許卽日具疏辭免。

又定鄉會試日期：秋八月，舉行鄉試。初九日第一場，十二日第二場，十五日第三場。先一日點名放進，次一日交卷放出。春二月，舉行會試，與鄉試同。三場試題，俱如舊例：其四書第一題，用論語；第二題用中庸；第三題，用孟子。如第一題用大學，則第二題用論語，第三題用孟子。第一場試題，先將經書分段書籤，公同拈鬮。如論語分爲十段，主考鬮得某段，卽令房考，於本段內各擬一題，仍書籤拈鬮。餘題均準此例。

又定取中副榜之制：鄉會試卷有文理優長，限於額數者，取作副榜，與正榜同發。凡中副榜者，免其廷試，禮部卽咨送吏部授職。

定各直省鄉試解額：順天中式一百六十八名；（內直隸生員貝字號中一百十五名；北監生皿字號中四十八名；宣鎮旦字號中三名；遼東奉天府學夾字號中二名）江南省中式一百六十三名；（內南監生皿字號中三十八名，）浙江省中式一百七名；江西省中式一百十三名；湖廣省中式一百六名；福建省中式一百五名；河南省中式九十四名；山東省中式九十名；廣東省中式八十六名；四川省中式八十四名；山西省中式七十九名；陝西省中式七十九名；（內甯夏丁字號中二名；甘肅聿字號中二名，）廣西省中式六十名；雲南省中式五十四名；貴州省中式四十名。至八年，又奏准滿洲蒙古漢軍鄉試，於順天舉人定額，取中滿洲漢軍各五十名，蒙古二十名。至順治九年，加監生中額十五名。十一年，順天加中十名；江南，浙江，江西，福建，湖廣，加中七名；山東，山西，河南，陝西，廣東，四川加中五名。

又定磨勘試卷例：如決裂本題，不遵傳註；引用異教，影合時事；摭人俚言諧語，及小結大結不分明，甚至作全不可解之語者；並後場空疏，五策原問十不憶五者；酌量所犯重輕察參。首嚴弊倖，次簡瑕疵。此外字句偶疵，風簷寸晷，不妨寬貸。至順治十七年，議准雷同勦襲者黜革。

三年，增廣禮部會試中額：禮部奏言龍飛賓科正士類彈冠之日。今年二月，會試天下舉人，其中式名額，及內簾房考官，均宜增廣其數，以收人才而襄盛治。得旨：開科之始，人文宜廣，中式額數，准廣至四百名，房考二十員。後不爲例。

又定中式新進士冠服式樣，金鍍銀三枝九花頂，賜一甲一名冠服，照六品頂戴，及諸進士鈔銀。

又定新進士銓選法。故明舊例：進士四百名，二甲，選部屬知州，三甲，選中行評博推官知縣；不論名次內外兼用。部議開創之始宜變通，擬二甲前五十名，選部屬，後二十名，選中行評博，三甲前十名，選中行評博，十一名至二十名，選知州，二十一名至七十名，選推官，餘選知縣。庶政體人情，均得其平。從之。

又議准再行鄉會試以收人才。時大學士剛林等，請於本年八月、再行科舉，來年二月，再行會試，以收人才。其未歸地方，生員舉人來投誠者，亦許一體應試。從之。

四年，定新選庶吉士分書教習。時內院大學士范文程等奏言新庶吉士周啓雋等二十員，應同前科庶吉士分別讀滿漢書，命學士查布海、蔣赫德等一併教習。

八年，吏部奏酌議滿洲蒙古漢軍各旗子弟有通文義者，提學御史考試，取入順天府學。鄉試，作文一篇；會試，作文一篇；優者准其中式，照甲第除授官職。至順治十四年停止。康熙二年，復准滿洲蒙古漢軍生員鄉試。十五年停止。二十六年，仍准八旗一體鄉試。

又禮部議定滿洲蒙古識漢字者，繙漢字一篇；不識漢字者，作淸字文一篇。漢軍文章篇數，如漢人例。會試，取中滿洲二十名，蒙古十名，漢軍二十名。各衙門博士筆帖式，俱准應會試。考取文字篇數，與鄉試同。

又禮部奏八旗鄉試，滿洲蒙古，或繙譯漢文一篇，或作滿文一篇。漢軍舉人試藝，本年鄉試，明年會試；第一場，四書文二篇，經藝一篇，如未通經者，作四書文三篇；二場，論一篇；三場，策一道。自後試藝以次加增。順治十一年鄉試，十二年會試：第一場，四書文三篇，經藝二篇；二場，論一篇，判五條；三場，策三道。順治十四年鄉試，十五年會試：第一場，四書文三篇，經藝四篇；第二場，論一篇，判五條；三場，策五道。

九年內院議覆吏科給事中高辛允疏奏，愼選庶常，拔其年青貌秀，聲音明爽者，二十名，習學淸書；二十名，習學漢書。屆期奏請考試。其滿洲進士取四名，蒙古進士取二名，漢軍進士取四名，俱選年貌聲音合式者，同漢進士一體讀書。

十一年，禮部奏言會試俱有定例，博士筆帖式，皆係六七品官，各有職任，優劣自有分別。況歷科中式舉人頗多，嗣後滿洲蒙古漢軍會試，止准舉人應試。其在部院等衙門博士筆帖式等，不准會試，庶滿漢試例一體。從之。

十二年，內三院奉諭旨：今科殿試，較往年更宜虛懷詳愼，一秉至公。茲命爾等讀卷，務體朕求賢若渴至意。各官所閱試卷，粘貼浮簽，止書次第，不必書各官姓名，以除師生陋習。其各擬首卷，密封進覽。恐九卿等官取卷好尙不同，爾等仍通加詳閱，期拔眞才，用光大典。

又奉諭旨：朕惟人臣事君，勿欺爲本。近來進呈登科錄及鄉會殿試等卷，率多隱匿年歲，以老爲壯，以壯爲少。國家開科取士，本求賢良，進身之始，卽爲虛僞，將來行事可知。更有相沿陋習，輕聯同宗，遠託華胄，異姓親屬，混列刊布，俱違正道。朝廷用人，量才授任，豈論年齒家世乎？今科進士登科錄及以後各試卷，務據實供寫。其餘陋風，悉行改正。毋負朕崇誠信重廉恥至意。（按周制，鄉大夫三年大比，考其德行道藝，而興賢者能者。鄉老及鄉大夫羣吏，獻賢能之書於王，登於天府，內史貳之。此卽登科錄之制所由昉也。自唐以後，務浮華而少本實；晉魏專重閥閱，故家敝俗相沿，貴少賤老，輕寒門而重世族。足以登科錄中亦復習於作僞。抑知先資拜獻，爲臣子事君之始，而藏匿年歲，且濫引宗族，刊布於策名上計時，不誠不敬，孰大於是？甚非所以奏對御前，端乃初服之意也。自是年蒙特旨訓飭，凡鄉會進呈登科錄，第敬書年齒三代，而無同異姓親屬之載，於體制爲更合云。）

十三年，工科給事中梁鋐奏言：臣聞聖王用人，立賢無方。我皇上寤寐英才，詔舉山林隱逸，一時懷才應聘之士，自不乏人。然採訪未確，有負盛舉者，亦已疊見。如江南撫臣特舉呂陽，遂授監司，未幾以婪贓革職。又山東巡撫特舉王運熙，蒙授科員，亦未有讜論建明，復以計典而去。臣觀呂陽輩，豈眞抱匡濟之才，不過爲梯榮之藉耳。臣思江南及各省接踵彙進者，豈緊無人？再四圖維，不得不預爲之慮。夫山林者何，謂其遠於朝市也；隱逸者何，謂其異於趨進也。舉逸大典，行之一時，垂之千萬世，必得其人，乃當其位。伏祈通飭各省督撫按臣，細加採訪，凡地方人才，或品行邁倫，或博洽經史，或淹通禮樂，或曉陰陽星緯，或熟山川要害，或智可籌兵，或才堪足國，不拘已官未官，各就所長，開列詳確。俟起送到日，皇上臨軒親試，量能授職。庶大典不致濫及，爲千古求賢之盛事。疏入報聞。

十四年，吏禮兵三部奉諭旨：我國家之興，全賴治兵有法。今見八旗人民，崇尚文教，怠於武事，以披甲爲畏途，遂至軍旅較前迥別。詳究其原，皆由限年定額，考取生童，鄉會兩試，即得升用。及各部院考取博士筆帖式，徒以文字由白身優擢六七品官，得食俸祿。未幾又陞副理事額者庫等官，免從軍之役。各部院衙門，一事數官，以致員缺居多，無不樂於部用。今後限定年額，考取生童，鄉會兩試，俱著停止。

又奉諭旨：朕維制科取士，課吏薦賢，皆屬朝廷公典，原非臣子可借以罔上行私，市恩報德之地。至於師生稱謂，必道業相成，授受有自，豈可攀援權勢，無端親暱？近乃陋習相延，會試鄉試考官所取之士，及殿試讀卷廷試閱卷，學道考試優等，督撫按薦舉屬吏，皆稱門生。往往干謁於事先，徑竇百出，酬謝於事後，賄賂公行。甚至平日全未謀面，一旦仕宦同方，有上下相關之分，輒妄託師生之稱。或屬官借名獻媚，附勢趨炎。或上官恃權相迫，恐喝要挾。彼此圖利，相煽成風。朕欲大小臣工，痛革積弊，俱宜恪守職業，不許投拜門生。如有犯者，即以悖旨論罪。薦舉各官，俱照衙門體統相稱。一切讀卷閱卷考試等項，俱不許仍襲師生之號。即鄉會試主考同考，務要會集一堂，較閱試卷，公同商訂，惟才是求。不許立分房名色。如揭榜後，有仍前認作師生者，一併重處。務令永絕朋黨之根，以昭朕激勸羣工，共還蕩平至意。

又奉詔：廷試貢生，不必擬以通判用，裁去上上卷名色。所取上卷，以知縣用；中卷以州同州判縣丞用。

又奉諭旨：國家登進才良，特設科目，關係甚重。況京闈乃天下觀瞻，必典試各官，皆矢公矢愼，嚴絕弊竇，遴拔眞才，始不辱求賢大典。今年順天鄉試，發榜之後，物議沸騰。同考官李振鄴等，中式舉人田耜等，已經審實正法。其順天鄉試中式舉人，速傳來京，候朕親行覆試，不許遲延規避。

十五年，禮部議覆福建道御史趙祥星疏言會試剔弊得旨：第一場四書題目，候朕頒發，餘着考試官照例出題。

又禮部奏自元年以來，會試舉人，俱在天安門外考試。臣等伏思臨軒策士，大典攸關，應於太和殿前丹墀考試。報可。

吏部奉諭旨：設科取士，原爲授官治民，使之練習政事。向例：二甲授京官，三甲授外官。同一進士，頓分內外，未爲得當。今科進士，除選取庶吉士外，二甲三甲，俱著除授外官。遇京官有缺，擇其稱職者陞補。著永著爲例。

又舊例：舉人會試三科，乃准揀選就教者，不拘年分。今將遠省舉人，酌議如舊。其餘直隸近省舉人，會試五科，方准揀選；會試三科，方准就教。

又酌會試進士，鄉試舉人照原額減半，以疏通選法。十八年，又定會試視卷數多寡，臨時定額。

十六年，奉諭旨雲貴新經內附，地方綏輯需人。見在候選各員，尙不足用，應預爲徵取，以備任使。著於今秋再行會試。

廣頒孝經衍義於學宮，命考官二場以孝經命題。至康熙二十九年，議准鄉會試二場孝經論題甚少，嗣後考試將性理、太極圖說、通書、西銘、正蒙一併命題。五十五年，論題去孝經，專用性理。

十七年，內閣辦事中書舍人宮昌宗等奏求應試，得旨，撰文辦事中書，俱准應試。即中式仍在內閣辦事，不陞別衙門。其勤勞稱職者，准加銜留任，永著爲例。

十八年，禮部奏，會試取士，原分南北中卷。後因雲貴等省未經平定，將中卷分入南北卷內。今各處省分俱全，應仍將浙江、江西、福建、湖廣、廣東五省，江寗、蘇松、常鎭、徽寗、池太、淮揚十一府，廣德一州爲南卷。直隸及山東、山西、河南、陝西四省，奉天等處爲北卷。四川、廣西、雲南、貴州四省，廬、鳳、安慶三府，徐、滁、和三州爲中卷。其南北中卷中式額數，照赴試舉人之數均派。從之。

康熙二年停止八股文體，鄉會試以策論表判取士。分爲二場，第一場試策五道；第二場，四書論經論各一篇，表一道，判五條。直省學政，亦以策論考試生童。

三年更定科場試題，鄉會考試自甲辰年爲始，頭場策五篇；二場用四書本經題，作論各一篇；三場，表一篇，判五道。

四年，禮部侍郎黃機疏言：制科取士，稽諸往例，皆係三場，先用經書，使士子闡發聖賢之微旨，以觀其心術。次用策論，使士子通達古今之事變，以察其才猷。今甲辰科止用策論，減去一場，似太簡易。恐將來士子勦襲浮詞，反開捷徑。且不用經書爲文，則人將置聖賢之學於不講，恐非朝廷設科取士之深意。臣請嗣後復行三場舊制，庶士子知務實學，而主考鑒別，亦得眞儒，以應國家之選。下部知之。

六年，命滿洲、蒙古、漢軍，准赴考試。先是，八旗生員舉人進士，停止考試。至是復命滿洲、蒙古、漢軍與漢人同場，一例考試。其生童於鄉試前一年八月考試。從御史徐誥武請也。

又禮部議八旗教習缺出，舉人內有願就教習者，准國子監一體考取。從之。

九年，奏准二甲三甲進士，俱以知縣用，因推官已裁故也。

十六年，禮部奏本年添行鄉試。查直隸、江南、浙江三省貢監數多，應各遣考試官。河南、山東、陝西、山西貢監數少，應令河南省遣官一同考試。湖廣、江西歸併江南省。福建歸併浙江省考試。以入場應試人數計算，於十五名中取中舉人一名，不必另取副榜。於本年九月內考試。從之。

十八年，召試博學鴻詞科，欽取五十人，分別授職。先是，十七年奉諭旨：自古一代之興，必有博學鴻儒，振興文運，闡發經史，潤色辭章，以備顧問著作之選。朕萬幾時暇，游心文翰，思得博洽之士，用資典學。我朝定鼎以來，崇儒重道，培養人才。四海之廣，豈無奇才碩彥，學問淵通，文藻瑰麗，可以追踪前哲者。凡有學行兼優，文詞卓越之人，不論已仕未仕，著在京三品以上，及科道官員，在外督撫布按，各舉所知，朕將親試錄用。其餘內外各官，果有眞知灼見，在內開送吏部，在外開報該督撫，代爲題薦。務虛公延訪，期得眞才，以副朕求賢右文之意。嗣經內外諸臣保薦，陸續送部。又奉諭旨：所舉官人，俟全到之日考試。恐有貧寒難支者，戶部量給衣食。

於是月給俸廩，及柴炭銀兩。至是集諸人於體仁閣考試。欽命試題，賦一篇，詩一首。上親覽試卷，大學士掌院學士參閱。分四等：曰上上、曰上、曰中、曰下。以彭孫遹爲第一。共取五十卷：上上卷二十，作一等；上卷三十，作二等。其中卷三等，下卷四等，俱落第。又於上卷中斥去一卷，上自取嚴繩孫卷補之。爰命閣臣，取前代制科舊例，查議授職。尋議查得兩漢授無常職；晉上第授尚書郎；唐制策高者，特授以尊官，其次等出身，因之有及第出身之分；宋制分五等，其一二等，皆不次之擢，三等始爲上等，恩數比廷試第一人，四等爲中等，比廷試第三人，皆賜制科出身，第五等爲下等，賜進士出身。得旨俱授爲翰林院官。於是分別定議：內陞道員授爲侍讀，邵吳遠一人；候補道員郎中授爲侍講，湯斌，李來泰，施閏章，吳元龍四人；進士出身之主事中行評博內閣中書知縣，及未仕之進士，授爲編修，彭孫遹，張烈，汪霦，喬萊，王頊齡，陸棻，錢中諧，袁佑，汪琬，沈珩，米漢雯，黃與堅，李鎧，沈筠，周慶曾，方象瑛，金甫，曹禾十八人；舉貢出身之推知教職，革職之檢討知縣，及未仕之舉貢蔭監布衣，俱授爲檢討，倪燦，李因篤，秦松齡，周清原，陳維崧，徐家炎，馮勖，汪楫，朱彝尊，邱象隨，潘耒，徐釚，尤侗，范必英，崔如岳，張鴻烈，李澄中，龐塏，毛奇齡，吳任臣，陳鴻績，曹宜溥，毛升芳，黎騫，高詠，龍燮，嚴繩孫二十七人，共五十人。俱充史館官，纂修明史。又奉諭旨：杜越，傅山，王方穀等文字素著，念其年邁，從優加銜以示恩榮。因俱授爲內閣中書，聽其回籍。

二十三年，吏部覆奏助教各官，應加考試錄用。得旨：職掌教習廕官生，應選學優者補用。若用文字庸劣之人，何以表率生徒？以後著吏部考取，仍將試卷送閱具奏。

二十四年，定會試三場畢，主考等官遴選試卷十本，繕寫恭進。自第一名至第十名，俱由欽定，仍送場內拆號塡榜。以後會試及順天鄉試並同。但止頭場文字。雍正二年，合進三場揭曉後，刊刻試錄登科錄進呈。試錄內並載三場中式文，擇其尤者每題一篇，正副主考作前後序以進。

二十八年，兵部議覆兵科給事中能泰奏言：考取滿洲生員，宜試騎射，應如所請。上命如議。又奉諭旨：滿洲以騎射爲本，學習騎射，原不妨礙讀書。考試舉人進士，亦令騎射。倘將不堪者取中，監箭官及中式人一併從重治罪。旋經奏准，奉天八旗考試，亦如之。（按戴記云，古者天子以射選諸侯卿大夫士，諸侯歲獻貢士於天子，天子試之於射宮，其容體比於禮，其節比於樂，而中多者得與於祭。其諸侯有慶則益地以示賞；反是者讓之削地以示罰。射之於舉士，其重如此。自後世溺於章句，而文武判爲兩途。懷鉛握槧之儒，幾不知弓矢爲何事。寬衣博帶，以號於人曰士也，抑知六藝均爲士人所有事，習書廢射，則得一藝而失一藝。人才之偏而不全，遠遜三代者，職是之故。清以武功定天下，而國書繙譯，貫通經史，凡考試滿洲進士舉人，必先是二者，乃准入闈。是以八旗有不與試之士，而無不能射之人。入則含毫挾冊，出而躍馬彎弧，要皆爲有用之學。承平無事，蒐苗獮狩，扈從塞外，雞翹豹尾之間，射雉獲鹿，各具所長。有事則公卿可爲將帥，頗牧出於禁廷，其制作殆酌古今而盡善者歟。）

又九卿議覆左副都御史梅鋗疏言：會試定例，分南北中卷，後又於南北中卷之內，各分左右，以致閱卷者不盡衡文，祗算卷數，以定中額。請仍照定例，止分南北中卷，概去左右名色。應如所請，倂將江南、廬州等府，滁州等州，舊係中卷者，俱歸南卷。其雲南、貴州、四川、廣西四省，去其中卷名色。每科，雲南定爲雲字號，額中二名；四川定爲川字號，額中二名；廣西定爲廣字號，額中一名；貴州定爲貴字號，額中一名。康熙二十九年，會試，恩詔加額，應將雲南四川各加中二名，廣西貴州各加中一名。從之。

二十六年，宗人府禮部奉諭旨，嗣後八旗宗室子弟有能力學屬文，奮志科目，應令與滿洲諸生一體應試，編號取中。

又命直省選拔文行兼優之士，府學選拔起送二名，州縣學一名，滿洲蒙古二名，漢軍一名，爲拔貢生。

三十七年，吏部議覆湖廣道御史李登瀛疏言：直隸、山東、河南、江南、浙江、江西、陝西、湖北等處舉人會試五科不中，方許揀選，又需次數年始得補用；請酌減科分揀選，使得及時効力。應如所請。直隸等九省舉人會試三科不中，准其揀選知縣；一科不中改就教職者，以州學正縣教諭補用。從之。

三十九年，吏部等衙門會議：各省舉人，吏部於每年四月十五日考試，以知縣用，並無去取，亦無分職銜大小之處，考試實屬具文，應行停止，俱照各省中式年分名次注冊挨次選用。

從之。

又吏部奏各省舉人就中書者人多缺少，此內有願就知縣教職之人，聽其具呈改注，仍以科分名次序選。八旗教習期滿，以知縣用，亦照舉人例，停其考試，照咨送年滿日期注册序選。

又奉諭旨：今科鄉場，曾令宗室考試，宗室朕數加恩，何患無官，嗣後停其考試。

又准冒籍自首免罪。除入籍二十年以上，進學者照例不議外，凡在京冒籍舉人貢監生員，以部文到日爲始，限兩月內具呈自首，禮部查明，改歸原籍肄業。如過期者不准行，仍照例黜革。

又奉諭旨：凡係大臣子弟，另編字號，令其於此中較閲，自必選擇其文之優劣，大臣子弟既得選中，又不致防孤寒之路。經九卿議覆：嗣後直隸各省鄉試，在京三品以上及大小京堂翰林科道吏禮二部司官；在外，督撫提鎮及藩臬等官子弟，俱編入官子號，另入號房考試。各照定額，每十卷，民卷中取九卷，官卷中取一卷，不必分經，其副榜亦照此算取。旋停止會試官卷。

四十年，禮部奏順天鄉試副榜，額中二十六名，請分定直隸生員貝字號內，中十六名，南北監皿字號內各中五名。從之。

四十一年，定鄉會五經中式例：先是，順治二年，以士子博雅，不在多篇，停五經中式。至康熙三十六年，京闈鄉試有五經二卷特旨授爲舉人後不爲例。至是禮部議，本年鄉試，監生莊令輿、俞長策試卷作五經文字，與例不合。奉諭旨：五經文字若俱浮泛不切，自不當取中。若能切題旨，文理明順，一日書寫二萬餘字，實爲難得。莊令輿、俞長策俱著授爲舉人，准其會試。嗣後作五經文字，不必禁止。

四十三年，禮部議覆提督湖廣學政潘宗洛疏言：湖廣各府州縣，熟苗中有通文藝者，准其與漢民一體應試，應如所請。從之。

四十四年，奉諭旨：內廷供奉諸翰林，雖皆善書，但朕勤心典籍，卷帙繁多，見供奉人員繕寫不給。爾等出示傳諭安徽、江蘇、浙江舉貢生監等，有精於書法，願赴內廷抄寫者，報名考試。

又兵部議覆兩廣總督于成龍疏言：土司子弟中，有讀書能文者，注入民籍，一同考試。從之。

五十年，定鄉會試發榜期限：先是，順治二年，定闈中閱卷限程，自分卷以至揭曉，約可半月。至是年，順天鄉試發榜過期，爲監試御史參奏。得旨：如出榜多展數日，則考試官得以詳閱試卷，不致有遺珠之歎，下九卿議奏。尋議：嗣後會試揭曉，寬於三月十五日內；鄉試揭曉，大省寬於九月十五日內；中省寬於九月初十日內；小省寬於九月初五日內。

五十一年，奉諭旨：今歲考取進士，額數無多，止一百六十一人，揀拔庶吉士者，不過四五十人，其餘俱挨次選授知縣。縣令與民切近，有刑名錢穀之責，未登仕以前，如不知事宜典禮，則登仕之後，於地方民生事務，無有裨益。今歲考中進士，除揀選庶吉士外，其餘勿使回籍，俱交與禮部，選翰林內學優品端者數人，派令教習文藝，從事典禮。如有修書處，率同修書。

又奉諭旨：近見直隸各省，考取進士額數，或一省偏多，或一省偏少，皆因南北卷中未經分別省分，故取中人數，甚屬不均。以後考取進士，額數不必預定。俟天下會試之人，齊集京師，著該部將各省應試到部舉人實數，及八旗滿洲蒙古漢軍應考人數，一併查明，預行奏聞。朕計省之大小，人之多寡，按省酌定取中進士額數。

五十二年，諭大學士等曰：五經四書，俱係聖賢之言，考試出題，專意取冠冕者，則題目漸少，士子易於揣摩。甚有將不出題之書，刪而不讀，尚得言學問乎？經書內有不可出之題，試官自然不出；其餘出題之處，須以各種題目試之。則懷才實學之士，自無遺棄矣。

又諭旨：文武考試，雖曰兩途，俱係遴拔人才。而習文之內，亦有學習武略，善於騎射者；習武之內，亦有通曉制藝，學問優長者。如或拘於成例，以文武兩途，不令通融，則不能各展所長，必至遺漏眞才。嗣後文生員舉人，願就武場，武生員舉人願就文場，應各聽其考試。中式者造入新冊，不中式者仍各入文武原冊，不准再考。

五十三年，九卿議：中式舉人，俱到府丞衙門，填寫親供，與試卷一同送部磨勘，如逾限不即送部，禮部題參照例議處。從之。

五十四年，敕科場毋出熟習擬題，令同考官互相糾察，併停止五經中式。先是，康熙五十二年，以近科鄉會試多擇取冠冕吉祥語出題，每多宿搆倖獲，降旨申飭。茲復奉諭旨，科場出題，關係緊要，鄉會經書題目，不拘忌諱，斷不可出熟習常擬之題。雍正元年，覆准考官若仍出熟習擬題，交與該部議處。

五十七年，奉諭旨：考試月官，令作八股時文，大都抄錄舊文，苟且塞責。嗣後不必作八股時文，止令寫履歷，以三百字爲限。觀其書法妍醜，文理工拙，則人之優絀，自可立見矣。

雍正元年，選新進士爲內外官學教習。吏部等衙門，議定新進士，除選取庶吉士外，揀選學問好者，令爲內外官學教習。年滿，遇月官扣缺補用，餘令回籍候選。至是年六月，又定三年期滿，照科分名次，以中書補用。

又奉諭旨：孝經一書，與五經並重。蓋孝爲百行之首，我聖祖仁皇帝欽定孝經衍義，以闡發至德要道，誠化民成俗之本也。鄉會試二場，向以孝經爲論題，後改用太極圖說、通書、西銘、正蒙。夫宋儒之書，雖足羽翼經傳，豈若聖言之廣大悉備？今自雍正元年會試爲始，二場論題，宜仍用孝經，庶士子咸知誦習，而民間亦敦本勵行，即移孝作忠之道，胥由於此。

又奉諭旨：各省鄉試房考，督撫臨場，調齊科甲出身之員，不論已未分房，監臨試以時藝一篇，其文理優長者，爲內簾房考，荒疏者供外場執事。

分湖北、湖南兩闈鄉試：先是，湖南士子，赴湖北鄉試，必經由洞庭湖。六七月間，風雨不測，間有覆溺之患。或至士子畏避險遠，裹足不前。特奉諭旨，於湖南地方建立試院，每科另簡考官，俾士子就近入場，永無阻隔之虞。

又奉諭旨：新科進士，於引見之前，朕欲先行考試，知其學問，再行引見選拔，庶人才不致遺漏。

又禮部議覆御史田嘉穀條奏：各省學政科考生員，舊例用四書題文二篇，請增用經題文一篇，以崇經學。如遇三冬日短，減去四書文一篇。應如所請，從之。

又奉諭旨：昨引見新科進士，名單內有用點記名者三十員，以知縣即用，尖圈記名者十七員，年力尚壯，傳問伊等，有願在各館効力，及在內官學教習者，令各自陳明。若行走勤謹，學問好者，朕仍拔爲翰林。

二年，上親詣太學釋奠，加增國子監鄉試中額十八名，五經加中四名，直隸各省，分別加增五經中額。

又奉諭旨：將揀選舉人，選期尚遠者，挑選命往各省，聽候缺出委用署事。至應選時，仍來京候選。庶遠省署事，不致乏人，於吏治有益。部議會試後，下第舉人吏部揀選引見，發往雲、貴、川、廣五省委署試用。如果才守兼優，著有實效，該督撫保題，於本省補用。平常者，咨部請旨。有情願會試者聽從之。

又禮部奉諭旨：鄉會試爲掄才大典，內外簾官子弟，理應迴避。但跋涉數千里，志切觀光，既至京師，不得與試，深爲可憫。朕於上科，特降諭旨，另行考校。然此只可暫行，不便著爲定例。今科，凡官員入闈者，其子弟著一體應試，將試卷另行呈進，朕派大臣校閱遴選。

又命會試舉人，分別道里遠近，賞給歸途路費。雲南、廣東、廣西、貴州、四川五省，每人銀十兩。福建、浙江、江南、江西、湖廣、陝西六省，每人銀七兩。直隸、山東、山西、河南四省，每人銀五兩。

又奉諭旨：考試繙譯舉人，不必分作三場，只須一次考試。一日一夜，量其所能，章奏一道，或四書，或五經，酌量出一題，其優劣便已可見。此考試並無漢文，不必派漢大臣再考試。
又禮部工部國子監奉諭旨：著動用正項錢糧，令國子監將雍正癸卯甲辰兩科進士題
名碑，速行建立。康熙辛丑科，亦宜補建。嗣後每科仍照舊例題請，庶士子觀覽此碑，知讀書登
榜之榮，益勵其潛修上達之志。爾衙門即遵諭行。
三年奉旨將翰林院及進士出身官員人數，查明具奏。召集於太和殿，試以四書題文二
篇，親定甲乙，封貯內閣，以備鄉試差遣。次年，將御試取定人員書名牙籤，盛以金筒。每屆按省
分差之期，設黃案於午門外，命大學士同禮部官掣簽喝名，恭請欽定正副主考。七年，仍行御
試，分別記名。暨十三年鄉試主考皆如之。
又吏部議覆吏部左侍郎查郎阿奏言：直隸州州同、州判，雖係佐貳，現管逃盜等案，不便
以捐納貢監補授管轄屬縣。請舉人銓補州同，恩拔副榜貢生銓補州判。應如所請。從之。
四年奉諭旨：各省學政奉命課士，黜劣舉優，係其專責。嗣後學政三年任滿，將生員中實
在人品端方，有猷有為有守之人，大省舉四五人，小省二人，送部引見。朕親加考試，酌量擢用。

又奉諭旨：士子讀書，制行之道，首在明經。其以五經取中副榜者，必有志經學之士。著將今年各省五經取中副榜之人，俱准作舉人，一體會試。再今科各省所中副榜內，有兩次中副榜者，亦准作舉人，一體會試。此係特典，後不爲例。

五年，吏部奉諭旨：會試舉人，著爾部揀選引見。併問九卿，將所知者舉出。再舉人內，有伊等同鄉，素日推服之人，亦著舉人公舉；或數人共舉一人，或十數人共舉一人，俱將姓名註明，務須有猷有爲有守之人，方可推薦，不得冒濫。

又奉諭旨：查雍正元年癸卯科殿試後，集諸進士於保和殿御試，並令九卿，各舉所知。雍正二年甲辰科，照前舉行。今科進士，亦應詳加考試。仍令內閣九卿，確行保舉。其考試擬用論詔奏議詩五題，或作一二篇，或諸體全搆，聽其各展所長，屆期欽點大臣閱卷進呈。其進士內，有彼此熟悉，素爲衆所推服者，亦令公同舉出，伏候親加選定。從之。

又奉諭旨：外省鄉試房考，舊例皆用現任知縣入闈。朕思知縣身爲民牧，地方政務甚繁，入闈動經數月，諸事或至遲誤。朕意欲將外省房考之例，斟酌更定；或於鄰省中舉人進士之在家候選者，臨期調取數十人，交於監臨之督撫，秉公掣簽，令其入闈分校。著九卿詳擬具奏。尋議順天鄉試，仍照舊例。其外省鄉試，飭令所屬地方官，將在籍之進士舉人文行素優者，送督撫衙門驗看，以備鄰省調取。大省十八房，取用三十名；中省十四房，取用二十五名；小省十二房或十一房，取用二十名，十房取用十八名。鄰省咨文到日，遣官伴送，人給路費銀三十兩。臨期掣簽，得內簾者入闈分校，餘令回籍。至外簾之收掌等五所官，仍於本省府州縣佐貳等官內委用。從之。

分設八旗官學：順天學政孫嘉淦條奏，請整飭八旗官學，以育人材。嗣後挑選官學生，務擇聰明俊秀子弟，考課分習清漢書。每旗給官房一所，爲學舍。以貢生五人爲教習，派定所教人數，優其廩給，專其訓導。又不時稽查勤惰，期滿，分別議敘。從之。

又禮部奉諭旨：直省拔貢，舊例十二年題請舉行一次。後因各省學政，不能秉公選取，國子監未便照例請行。於雍正元年時，特行一次。朕思各州縣每年歲貢，較其食廩淺深，挨次出貢，內多年力衰邁之人。欲得人材，必須選拔。著各省學臣，於科考時，照例府學拔取二名，縣學拔取一名。甯缺毋濫；務取學問優通品行端方，才猷可用之人，令其來京，朕將親加考驗，令入國子監肄業。如有學問荒陋，人品不端，才具庸劣者，將學政嚴加議處。嗣後六年選拔一次，國子監届期題請候旨。

六年，敕浙江士子照舊鄉會考試。先是，雍正四年，停止浙江鄉會考試。至是奉諭旨：浙江士習澆薄，朕爲世道人心計，不得不嚴加整理。今二年以來，李衞王國棟先後奏稱，兩浙士子，感朕訓誨之恩，省愆悔過，將舊日澆凌奔競之習，痛自改除，可稱士風丕變。前年，朕原降旨，浙人秉性聰慧，既知讀書，必明大義，非如强悍執滯之難於感化者；一經指示，則醒悟亦必最捷，不出二三載，可以望其自新。今果然矣。明年卽届鄉試之期，浙省士子，准其照舊鄉會考試，以示朕訓俗牖民，樂聞遷善之至意。

又禮部奉諭旨：各省考試拔貢，原欲遴選儒生，以宏教育。向來之例，俱於現考一二等生員內，選拔文行兼優者。但恐作文有一日之短長，而文理平通，不列優等者，其人或品行端方，才識練達，足備國家之用，亦未可定。嗣後著各省學政，不必拘一二等之生員，俱准收考，酌量試以時務策論。其人果有識見才幹，再訪其平日品行端方，即正考未列優等，亦准選拔。則文行兼收，可以昭國家廣攬人才之典。

七年，宗人府得旨：宗學教習，除舉人係應選知縣之員，照原議銓選外，其各處教習之貢生等，著於期滿之時，該管衙門帶領引見，或用爲知縣，或用爲教官，候朕頒發諭旨，因材器使。將此通著爲例。

又署廣東巡撫傅泰疏言：廣州府理猺同知朱振基，於前任連州知州任內，奉祀逆賊呂留良牌位，據連州生員陳錫等合詞呈首。上以連州生員陳錫等深明大義，不爲邪說所惑，據實出首；令將今年該州應試完場之舉子，交與該省學政秉公遴選學問優通者，賞作舉人，一體會試。如今科所取副榜內，有連州生監，亦准作舉人。

八年，分派新進士於六部額外主事，學習行走。是年新進士除選拔庶吉士外，曹繩柱係現任中書，以六部主事用。其馬丙等五十八名，均奉諭旨在六部額外主事外學習行走。該部按各部司分多寡，掣簽分派具奏。三年之後，如能稱職，該部堂官題補；如不能稱職，該部奏聞。

其內若果有才猷出衆，明練政治之員，於一年之後，該堂官將情由聲明保奏，帶領引見請旨，此各部行走之員，俱照額外主事之例，給與俸祿。

又奉諭旨：今科外用進士，著就伊等本籍地方，掣籤派往交與各該督撫，分派藩臬衙門，令其學習。

又各省選拔生員到京，派大臣秉公考試，分別等次進呈。內有湖北應山縣生員楊可鏡一卷，文理荒疏，經部議照例革去選拔。奉諭旨：楊可鏡乃明臣楊漣之玄孫。昔順治四年，楊漣之子楊之易，爲江南松江府同知，遭提督吳勝兆之叛，捐軀殉難，凜然忠節，此卽楊可鏡之曾祖也。朕思楊漣父子，兩世忠義，其後嗣子孫，若稍能自立，品行無虧，雖文藝不工，亦當格外造就。楊可鏡准作選拔，赴國子監肄業，仍著禮部帶領引見。

九年，奉諭旨：令蒙古期旗下人，亦照考試滿洲繙譯生員舉人進士之例，考取蒙古繙譯生員舉人進士，在理藩院補用。

十三年，奉諭旨：縣令爲親民之官，關係民生休戚，最爲切近。凡選用知縣者，類多舉人進士出身之人。其中才具可觀，克稱厥職者固多，而年老迂疎，不諳吏治者，亦復不少。朕念其攻若寒窗，幸登科目，不忍遽令放廢，於是定以改教之例。每見候選各員，有年老才庸，不稱縣令之任，而苦不自量，仍欲勉强謁選。其意蓋以縣令爲榮，希圖僥倖，且以到任之後，不能辦事，仍可改補教職，無礙於功名，故爲苟且姑試之計。殊不思以不能勝任之人，冒昧銓選，及到任之後，試看一年半載，再請改教，其間輾轉更換，時日已多，事務廢弛之患，有必不能免者。嗣後科目出身之員，若係簡選命往者，到任後，不勝縣令之任，准該督撫以教職題請改補。如係月選之員，或年力衰邁，或才識庸愚，即當於未選之先，或臨選之際，呈請改教。若不自量度，仍欲銓選知縣，該員到任後，著該督撫留心察看；或以才力不及，或以溺職，分別題參，不得奏請改教，以遂其自便之私。如果有爲人謹愼，學問優通者，著該督撫，將應否改補教職之處，具本聲明，送部引見請旨。

乾隆元年，議准會試與順天鄉試內簾主考同考官，除同姓無服者，與郎舅中表等戚，不必迴避外，其有服之同姓，與翁情甥舅，皆令迴避。不行開出者革職。

又特旨：內外簾官子弟，應行迴避者，著另行考試。禮部尋議，請仍於闈中一體考試，另編坐號，歸於一處，以便稽查。其試題會試由禮部堂官，鄉試由順天府府尹，先期奏請欽命四書三題，於初八日，密封轉交場內，刊刻給散。經題及二三場，仍用闈中之題一體考試，禮部奏派大臣校閱，所取試卷恭候欽定，於出榜之前發出。會試由禮部堂官，鄉試由順天府府尹，捧入場內，轉交內簾主考官酌量名次，敘入榜內。

又大學士鄂爾泰等，遵旨校閱會試闈中未經取中之薦卷，擇其尚可續取者，共計三十卷，暨年老舉人試卷內，選出五卷，一并進呈。奉諭旨交禮部照所擬名次出榜。

又奉諭旨：今歲八月，舉行恩科鄉試，其正副考官，著張廷玉，鄂爾泰，朱軾，徐本，邵基，任蘭枝，徐元夢，福敏，孫嘉淦，楊名時，於翰林科道部屬內各據所知，多舉數員，於五日內交送內閣，奏候考試。嗣經考試一二等人員，皆引見記名，兼以道府同知補用數員。

又准捐納候選之貢監，得與鄉試，舉人得與會試，加年老下第舉人以國子監助教，學正，內閣中書職銜。

又議准順天鄉試，皿字號，分南皿北皿中皿字號取中。順天鄉試，除北皿南皿字號，照舊額各取三十九名外，其雲南、貴州、四川、廣西另編中皿字號，十五名取中一名。如零數過半者，亦准加中一名。如人數不及十五名，仍附入南皿，無庸另編中皿字號。（按順天闈中分編字號名目，以辨省分。曰貝字號，則直隸之生員也；曰北皿字號，則奉天、直隸、山東、山西、河南、陝西之貢監也；曰南皿字號，則江南、江西、浙江、福建、湖廣、廣東之貢監生也；曰中皿字號，則雲南、貴州、四川、廣西之貢監生也；曰夾字號，則奉天是也；曰旦字號，則宣化是也；曰鹵字號，則天津商籍之赴試者也。而山東省闈中有耳字號，則孔、顏、曾、孟四氏也。陝西省闈中，有丁字號，謂寧夏府也；有聿字號，謂甘肅也。福建闈中，有至字號，謂臺灣也。於試卷送入內簾時，畫疆分界，因地取材，以平解額；庶不致豐此嗇彼，贏絀懸殊，有得失偏枯之患也。）

定博學鴻詞之例：吏部議覆御史吳元安奏言，薦舉博學鴻詞，原期得湛深經術，敦崇實學之儒，始足副淹雅之稱，膺著作之選。蓋詩賦雖取兼長，而經史尤爲根抵。若徒駢綴儷偶，推敲聲律，縱有文藻可觀，終覺名實未稱。應如該御史所請，考試博學鴻詞，定爲兩場，首場試以經解一篇，史論一篇。二場照例，試以詩賦論三題。皆許自辰至酉，夜則准其繼燭，以盡其長。疏上，如議行。

又考試博學鴻詞，欽取十五人，分別選授翰林院官。先是，雍正十一年四月，奉諭旨：朕惟博學鴻詞之科，所以待淹通之士，俾之膺著作之選，備顧問之任。康熙十七年，薦舉博學鴻詞，召試授職，迄今數十年來，未嘗廣爲搜羅，以示鼓勵。朕延攬維殷，闢門籲俊，敦崇實學，諭旨所頒，宜有彈見洽聞，足稱博學鴻詞之選者。所當特修曠典，嘉與旁求。在京著滿漢三品以上，各舉所知，彙送內閣；在外督撫會同該學政，悉心體訪，遴選考驗，保題送部，轉交內閣。朕將臨軒親試，優加錄用。經大學士鄂爾泰等奏擬一等考取五名，授以翰林院編修；二等十名，內由科甲出身者，授以翰林院檢討；未經中舉者，授以翰林院庶吉士。奉諭旨依議。次日，帶欽引見。劉綸、潘安禮、諸錦、于振、杭世駿俱授編修。陳兆崙、劉藻、夏之聲、周長發、程恂俱授檢討。楊度、沈廷芳、汪士鍠、陳士璠、齊召南俱授庶吉士。次年，又補試博學鴻詞。一等一名，二等三名。萬松齡、張漢，授爲檢討。朱荃、洪世澤，授爲庶吉士。

二年，吏部議准御史程盛修奏言：翰林地居清切，所以備顧問，司紀載，任綦重也。然欲得通才，務端始進，自保舉之例行，而呈身識面，廣開請託之門，額手彈冠，最便空疎之輩。臣愚以爲亟宜停止。查近科以來，新進士於放榜後，先令九卿保舉，然後帶領引見，選用庶常，原爲慎重之意。但新科進士，俱係未經出仕之人，九卿等原不能深知，不過就其有志讀書，堪以造就者，即行舉出。行之既久，其中或有冒濫，亦未可定。應如所奏，嗣後新進士停其保舉。從之。

又吏部議准御史程盛修奏，請停榜後額外主事之用，以杜冗濫。

又奉諭旨：汪灝所奏考試新進士時，應令其將本處當行之事，各據所見，明白陳奏。王大臣等議以歷科考試進士，俱有成式，無庸更張。朕思古來帝王爲治，不棄芻蕘；況伊等既成進士，皆係讀書之人，於地方利弊，或有確見，亦未可定。今年考試進士，仍照舊例出題。若伊等有願將地方事件敷陳者，准其實據條奏。閱卷大臣等擇其言有可採者，進呈朕覽。

又奉諭旨：滿洲進士選授庶常，向例俱學習漢書。去年因徐元夢條奏，滿庶吉士，復令分習清書。朕思滿語係滿洲自幼所習，只須漢文通順，人人皆能繙譯。且受職之後，自可令辦繙譯之事，清文亦不致荒廢。何必於選館之時，專令學習乎？嗣後滿洲庶吉士習清書之例，著停止。

三年，奉諭旨：朕聞各省現任教諭，若中進士，現任訓導，若中舉人副榜，則有應用之缺，便離原有之任，以待銓補；而銓補往往遲延，動輒數載。是一中之後，轉令退居閒散矣。推求其故，蓋以從前品級相懸，故定例令其離任。今教職品級既已加增，則離任之例，亦應酌量變通，以示鼓勵。嗣後現任教諭，會試得中進士，例應歸班者，仍令回原任，以教授銜管教諭事。現任訓導，鄉試得中舉人副榜者，仍回原任，以教諭銜管教諭事。若遇該員本班應選時，仍照常銓選；卓異薦舉，亦照銜陞轉。將此永著爲例。

又吏部奏：舊例各項貢監生考職，於每年四月內投文，五月內考試。續因各省考職人數尙少，間有遲至二三年考試一次者。嗣後應請於鄉試之年，仍照舊例，定期於五月內考試。令行各省督撫，如有情願赴考貢監生，給咨務於三月內到部。則各省赴考貢監，既有定期，可免守候之虞矣。從之。

四年，陝西學政嵩壽奏：歲科兩試，於四書經義外，摘錄本經四五行，令生童作講義一段，以定優劣。如童生中有能背誦五經，兼能講義者，書藝即屬平通，亦量行錄取，以示鼓勵。得旨允行。

又奉諭旨：向來新科進士，於殿試之前，有呈送頌聯之陋習。近來此風，又覺漸熾。夫士子進身之始，即從事於請託奔競，則將來服官，尙安望其有所樹立，以備國家之用？而大臣等亦宜精白乃心，絕請託之私，爲國家培正材。該部出示曉諭，嚴加禁止。倘有違旨仍蹈故轍者，經朕訪聞，或科道官參奏，必將與受之人，一體從重治罪。尋以士子進身之始，即習爲獻諛之詞，尤非導之以正。古人對策中，無此體裁。殿試之期，上親製策問試題，不拘舊式，以免諸生預先揣摩。諸生策內，不許用四六頌聯。

六年，奉諭旨：嗣後滿洲進士，亦著照依甲第名次，選用知縣，俾其漸悉民瘼，學習外任之事。

七年奉諭旨：拔貢乃係生員中之優者。夫既爲文學華贍之靑衿，則應科舉時，自可脫穎而出，又不轉藉選拔以爲呈身之路也。查從前選拔，或數十年一舉，或二十年一舉。今則六年一舉，爲期太近，理應酌量變通。嗣後著定爲十二年選拔一次。永著爲例。

八年奉諭旨：朕聞修書各館謄錄人員內，竟有不能繕寫之人夤緣而進。及上館之後，轉行倩募。以致承修各書，不能刻期告竣。部議嗣後各館需用漢謄錄人員，亦照考取滿洲繙譯謄錄人員之例，將舉人恩拔副歲貢生，及捐納貢監，情願考試者，行文禮部國子監，送部考取，挨名頂補。

九年奉諭旨：順天府尹蔣炳條奏，外省覆試一事，朕已降旨允行。但如何議覆之處，未曾奏及，各省難以奉行。科場取士，首重四書文。士子之通與不通，總不出四書之外。應令該督撫會同學政，出閒冷二題，當面考試。聽其盡一日之長。試畢，卽將原卷與中式卷一併解部，聽候磨勘。

又命減直省中額十分之一。

十月，上幸貢院，周覽號舍，賦詩四首。（按禮部有貢院，自唐開元始。清朝鄉試，由京師至各省，爲試院凡十有五。京師首善之地，每當貢舉之期，恭請欽命試題。鄉試則順天府尹，會種則知貢舉官，恭捧黃匣扃鑰封識甚嚴。至聚奎堂門外，考官跪接以進。黃封下賁，已爲榮幸。茲乃親幸試院，賦詩題壁，益昭鄭重矣。）

十年奉諭旨：昨歲朕親臨貢院，遍觀堂所，周覽號舍。矮屋風簷，備極辛苦，深可軫念。比賦四詩，令刊堂壁，可以知朕心矣。今歲會試，已展期三月，以待春溫。嗣後即以爲例。尋以搜檢懷挾，例去皮衣褐襲，而會試風簷之下，非衣裘不足以禦寒。停止皮衣去面氈衣去裏之例。

停止榜後揀選舉人例。奉諭旨：人材難以預料。若一經驗看，即爲定例，則入選者，焉保其必稱循良？更恐逾時，或又不堪任用。況才具尚不能一望而知，而心術又豈能外觀即定？所可知者，不過年貌耳。與其定於數年之前，不若審於選官之日。今當會試之年，士子雲集。初次揀選，人數必多，恐汰除者衆。此等舉子，未免絕其上進之望，兼非鼓舞人才之意。向來月選之後，原有九卿驗看之例；引見之時，朕又量材改調，或補教職，或令休致，臨時自可區別，毋庸預爲揀選。著將新定會榜試發揀選之例停止。嗣後惟令九卿秉公驗看，詳愼去取。

又奉諭旨：三月會試，已著爲定例，則殿試之期，自應酌量變通。著自今科爲始，於四月二十六日殿試，五月初一日傳臚。該部卽通行曉諭知之。

又奉諭旨：國家設科取士，首重者在四書文。蓋以六經精微，盡於四子書。設非讀書窮理，而欲握管揮毫發先聖之義蘊，不大相逕庭耶？皇考有請眞雅正之訓。朕題貢院詩云「言孔孟言大是難，」乃古今之通論，非一人之臆說也。近今士子，以科名難以倖獲，或故爲艱深語，或矜爲俳儷詞，爭長角勝。風簷鎖院，偶有得售，彼此仿效，爲奪幟爭標良技。不知文風日下，有關國家掄才大典非細故也。古人論文，以渾金璞至，不雕不琢爲比，未有穿鑿支離，可以傳世行遠者。至於詩賦，不免組織渲染，亦必有眞氣貫乎其中，乃爲佳作。今四書文，採綴詞華以示淹博，於孔孟立言相去萬里矣。先正具在，罔識遵循；習俗難化，職此之故。嗣後各省學政，時時訓飭；鄉會試官，加意區擇。凡有乖於先輩大家理法者，卽擯棄不錄，則詭遇之習可息，士風還淳，朕有厚望焉。該部通行曉諭中外知之。

十二年奉諭旨：向來鄉會試之年，不准條陳科場事務。蓋欲使士子潛心誦讀，不便紛更成例，以擾其心，且亦防弊之一端，立法甚善。夫三年之內，何時不可言，而必待場期已近，紛紛陳奏耶？孫宗溥摺，交部暫存，使科場事畢，另行議奏。嗣後如有似此違例條奏者，必交部察議，並傳諭科道知之。

又廣各直省鄉試錄科額數。故事：學臣科試之後，復取遺才；錄遺之後，督撫又有大收；取送甚濫，是以議有科舉定額。每舉人一名，大省錄取八十名，中省錄取六十名，小省錢取五十名。上以前議但就正榜定額，尚有副榜，未經議及。著再加恩，准於每副榜一名，大省加取四十名，中省加取三十名，小省加取二十名。令各省學政，於考試遺才時，不論生員貢監，亦不拘縣分大小，但就文理明通者，照數錄送入場。

十五年，定房考分經之法。房考入闈，照舊掣簽分經。其一經之內，房考有籍同省者，主考官臨時酌量對調，閱看他經。

十六年，奉諭旨：朕省方觀民，南巡江浙。膠庠之秀，志切近光。其積學有素，文采穎異者，加之甄錄；良合於陳詩觀風，育才造士之道。顧工拙既殊，眞贋錯出，理應試之。無使魚目碔砆，得混珠玉尋經分別考試，派大臣閱卷進呈，取中人員，准作舉人，授爲內閣中書，學習行走。其原係進士者，授內閣中書，遇缺補用。嗣是乾隆二十二年、二十七年、三十年、四十五年、四十九年、南巡省方，凡進獻詩賦人員，皆考試選取錄用如之。

又奉諭旨：嗣後雲南、貴州、四川、廣東、廣西等省庶吉士，不必令習清書。直隸、山東、河南、山西、陝西等省，亦視其人數。若在三四員以上，酌派年力少壯者一二人。其江浙等省，人數在五六員以上者，酌派二三人。率以三十歲以下者充之。每科通計在十人內外，甯缺毋濫。循舉舊章，備國朝典制足矣。該衙門即遵諭行。

十九年奉諭旨：塲屋制義，屢以淸眞雅正爲訓。前命方苞選錄四書文頒行，皆取典重正大，足爲時文程式，士子咸當知所宗尚矣。而浮淺之士，競尙新奇。即如今科榜前，傳首題文有用「九迴腸」之語者，其出自漢書「腸一日而九迴」，大率已莫能知，不過勦襲纖巧，謂合時尚。豈所謂非法不道，選言而出者乎？不惟文體卑靡，將使心術佻薄，所關於士習者甚大。朕曩云「言孔孟言大是難」，職是故也。著將欽定四書文一部，交禮部順天府存貯內簾，令試官知衡文正鵠。再策問時務，用覘士子學識。主試官不當以己見立說。上年順天鄉試，問黃河北行故道；今春會試，問黃河下流，皆係孫嘉淦陳世倌一己私見，究亦空言無補。若以此爲去取，將啓士子窺探迎合附和之弊，其漸尤不可長。卽如宋元以來，辯析朱陸異同；初因講學，而其後遂成門戶，標榜攻擊，甚爲世道人心之害。嗣後有似此者，必治其罪。

二十一年奉諭：著以下科爲始，磨勘諸卷，俱於卷面塡寫職名。俟該部彙卷後，朕另派人，於每束內，量取數卷，特交大臣再詳加校勘呈覽。朕仍於此中復行抽閱，如有草率從事者，卽交部照例分別議處。則磨勘各官，及特派大臣之是否詳愼，均難逃朕之洞鑒矣。著爲例。

又奉諭：嗣後鄉試第一場，止試以四書文三篇，第二場經文四篇，第三場策五道。其論表判，概行刪省。至會試，則既以名列賢書，且將拔其尤者，備明廷制作之選，淹長爾雅，斯爲通才。其第二場經文之外，加試表文一道。卽以明春會試爲始。鄉試以乾隆己卯科爲始。著爲例。

二十二年奉諭：前經降旨，鄉試第二場，止試以經文四篇，而會試則加表文一道。良以士子名列賢書，將備明廷制作之選，聲韻對偶，自宜留心研究也。今思表文篇幅稍長，難以責之風簷寸晷而其中一定字面，或偶有錯誤，輒干貼例，未免仍費檢點。且時事謝賀，每科所擬，不過數題；在淹雅之士，尚多出於宿搆，而倩代强記以圖僥倖者更無論矣。究非核實拔眞之道。嗣後會試第二場表文，可易以五言八韻唐律一首。夫詩雖易學而難工，然宋之司馬光，尙自謂不能四六。故有能賦詩而不能作表之人；斷無表文華贍可觀，而轉不能成五字試帖者。況篇什既簡，司試事者得從容校閱，其工拙尤爲易見。其即以本年丁丑科會試爲始。

二十三年，議准鄉會試，第一場四書文外，仍加性理論一篇。

二十五年奉諭旨：廷試士子，爲掄才大典。向來讀卷諸臣，率多偏重書法；而於策文，則惟取其中無疵類，不礙充選而已。敷奏以言，特爲拜獻先資，而就文與字較，則對策自重於書法。如文義醇茂，字畫端楷，自屬文字兼優，固爲及格之選。若其人繕錄不能甚工，字在丙而文在甲者，以視文字均屬乙等可以調停入彀之人，自當使之出一頭地。況此日字學稍疏，將來如與館選，何難臨池學習？倘專以此爲進退，兼恐讀卷官有素識貢士筆跡者，轉以藉口滋弊，非射策決科本義也。大學士九卿尋議得本年殿試，奉諭旨令於傳臚前一日，將擬定十卷進呈。

應遵奉諭旨，參覈文字，務令取擇適中。除條對精詳，楷法莊雅者，盡登上選外，其有繕錄不能甚工，而援據典確，曉暢時務，卽爲有體有用之才，亦應列爲上卷。若對策敷衍成文，全無根據，卽書法可觀，亦不得充選進呈。

又奉諭旨：學政馮成修奏考試事宜一摺，所見明昧各半。朕明斥其非，然亦不棄其是。如馮成修所稱，試題不宜割截牽搭一條，據其所列各省出過諸題，則實係不顧文理，強爲凑合。非惟難核眞才，抑且大悖經義，非取士之道。卽所奏童試取進文卷，請免解部磨勘，雖不免有自爲張本之意；第童試之文，不能皆有醇無疵；且一學政所取，合計通省不下數千卷，原非鄉會硃墨卷，應行磨勘可比。此二條，尙不爲無見。若鄉試及歲科兩試，皆免試詩帖，則其說已自相矛盾。前因科場表判，多涉雷同勦竊陋習，是以改試排律，使士子各出心裁。若以詩爲僅尙詞華，則前此表判，獨非駢體乎？試問表判之詞華較排律之詞華，孰難孰易？若如馮成修之議去詩，而將仍爲表判乎否乎？將仍表判盜襲之風爲是乎？此論之必不可通者。至考試武生，請復用四書論題一條，所稱讀書明理，乃能宣猷閫外等語，尤屬誕謬。武科一項，不過舊制相沿，因仍不廢。若論我國家用兵，自開創以來，暨近日平準夷蕩回部，皆我滿洲索倫，勇將健卒，折衝萬里，蕆成大功，綠營兵尙無所用，更何嘗恃武科出身之人而藉其干城腹心之寄耶？至侈談昇平羽林棄武尙文諸論，此不過見之詩歌，寄興尙可。其實文恬武嬉，晏安酖毒，爲國家之大害，朕必不出此。而我子孫萬世所當奉爲家法，永爲深戒。

二十六年，大學士蔣溥奏：考取內閣漢中書，請於會試薦卷中，文理尙屬明通，詩律亦能穩妥者，照上次額數另取中書一榜。揭曉後，照例帶領引見，定奪挨次選用。如逢應取明通榜之年，更於中書外，照例選取。從之。

又奉諭旨：廷試爲策士鉅典，讀卷官所進策目問條，向有由內閣豫擬之陋例，漏洩揣摩，不可不防其弊，應一概禁止。屆期，令讀卷官密擬策題進呈，候朕裁定，發齎刊刻，著爲令。

三十年奉諭：前經降旨，八旗三品以上子弟，遇考試之期，其父兄自行奏明。原因八旗淳樸素風，恐其豔心詭遇，是以示之節制，俾知崇實黜華。非概從禁制，遏其進取之途也。乃邇年來八旗大臣，竟無奏請子弟應試者。我國家滿洲世臣，宣力贊政者，多不藉文章一途。但承平百餘年，滿洲詞臣文藻黻飾，亦不可少。大臣子弟中，果能於國語騎射之外，兼習文藝者、仍准一體入闈。毋庸奏明請旨。

又奉諭旨：科場取士，原以文體爲重。若擡頭小誤，既無關於弊竇，且與文體無礙。又如貼例內，有塡寫添註塗改字數等語，其於立法防弊，亦所謂不揣其本而齊其末。所有條例內應加删正之處，著大學士會同該部議行。尋議舉子行文，恭遇擡頭頂格，非係廟諱御名至聖諱及例載列聖郊社宗廟皇上各實寫字樣，偶失檢點，誤作單擡，概予免議。又試卷內塗改添註字數，各於卷尾塡明之例，一倂停止。從之。

三十一年奉諭旨：知貢舉等奏稱謄錄所燭煤失落，燒損墨卷五十二本，俱不堪謄送內簾等語。舉子跋海觀光，業經竣事，而試藝不獲送邀閱選，情甚可憫，著將被燒各卷，其如何加恩，俾伊等文字得以一體補謄送閱，不致獨抱向隅之處，查明辦理。尋議：就中燒去邊幅，及損缺一二字者三十四本，仍令本人照原卷謄校，不得改竄。燒燬零落者十八本，應行另試。於三月二十四日赴圓明園，恭請四書題二道，與校謄原卷之三十四人，分別隔坐，將各卷交知貢舉，一體彌封發謄。從之。

三十三年，又奉諭旨：前曾降旨，令順天鄉試同考官，南省人迴避南皿卷，北省人迴避北皿卷，邊省人迴避中皿卷，滿洲漢軍迴避滿洲合字卷。所以防弊竇而愼掄才。顧行之未久，旋經給事中吳煒條奏停止。今御史王猷奏請順天鄉試房考閱卷，仍應迴避，所見甚是。南北中皿，雖總數省合編，究之本籍人多，或同鄉戚友，適分入本房，難保無暗爲照應之事。況鄉會試事同一例，會試房考閱卷，既迴避本省，鄉試何獨不當迴避本籍乎？取士大典，所關綦重。不可不杜漸防微，以遠嫌疑，而矢公明。於考官士子，均爲有益。嗣後順天鄉試，並仍照乾隆六年所降諭旨行。著爲令。

又令新中舉人，照順天鄉試例，依限赴學政衙門，塡寫親供時，即全默寫首藝七八行，一同封固，送部辦理。

又令考主官，遵照定例，於落卷中盡數搜閱，其中有無取中，於奏報試竣摺內聲明。

又奉諭：昨據順天府奏，本年鄉試取中美二十號硃卷，誤將美十二號吳嗣德名姓，塡寫發榜後，請將吳嗣德除名。其美二十號之卷，毋庸議。吳嗣德既係誤中，自應於傍內除名。至原取中美二十號之米鈴，著加恩准作舉人。

三十四年奉諭旨：昨派閱朝考卷之大臣，以擬取各卷進呈朕閱。前列數卷，幷拆開彌封。擬列第一之嚴本卷論冒云『人心本渾然也，而要必嚴辨於動靜之殊，』兩句，姓名顯然併見。復閱第二卷之王世維，則云『維皇降衷。』而擬第三卷之鮑之鍾，則用『包含上下。』『包』為『鮑』字之半。擬第五卷之程沅，則云『成之者性也。』『成』與『程』音相同。實堪詫異。雖文義原屬可取，而字跡可疑。且不止一卷，豈得盡謂偶然適合？似此隱藏字樣，非關節而何？若謂此非關節，不解有何等字樣為關節者。朕從不肯逆詐億不信，而亦斷不能漠然無先覺，為此等伎倆所蒙。諸臣皆朕所信任派出，不欲因此遽興大獄。今為一一舉出，應有內愧於心者耳。此事姑從寬免究，將此明白宣示，俾此後衡文諸臣，及應試士子，各自猛省，倍加警惕。

三十五年，奉特旨，開萬壽恩科。（按是科為始，凡鄉試八十以上，會試七十以上者，各督撫暨禮部查明具奏，俱蒙賞給舉人並檢討學正職銜有差。）

文諭：順天府進呈恩科鄉試錄，內有中式舉人名姓與已故尚書張照全同者。其人籍隸宣化，見聞僻陋，偶然適合，亦未可知。但張照係舊日大臣，且其學問字法近所罕有，豈新進後生所能幾及？又旗人有名乾元者，不知此二字著於易義，豈臣下所宜命名？均著禮部查明，即行更名註册。

三十六年，頒發直省貢院書籍。先是，直省鄉闈，惟順天頒有欽頒書籍。而江南等省，尚沿用舊存坊本。嗣經議準御史趙鋐條奏，頒發各省御纂欽定經史詩文各書及十三經註疏，文獻通考，史記，前後漢書各部。俾闈中主考房官臨場用資繙閱，以正向來坊本沿訛之弊。從之。

又諭：今日讀卷諸臣將擬定十卷進呈。閱其文詞，頌多規少，且有語涉瑞應，朕深爲不取。現就各卷中擇其立言稍知體段，不致過事鋪張者，拔列前茅。其措詞近浮，及引用失當之卷，酌量抑置，以昭激勸。將此通行曉諭知之。

又議定朝考散館等考試，止限排律一首。御史張霽，奏請鄉會科場，例限排律詩一首。近科來新進士朝考，於欽命詩題，有賦至二首，或三四首者。應命遵照制科定式，毋許示異矜奇。此外如庶常散館，翰林大考，以及考試試差，嗣後亦均不得違例多作，以肅成規而符體制。從之。

禁策問不得連及本朝臣子，並不得過三百字。議準左都御史張若溎，奏請今科策問，有尙論古人，連類及於本朝臣子。抑之則近於攻訐，揚之則涉於黨同。嗣後鄉會試發策，不得以本朝臣子學問人品策問士子。士子對策中，亦不得泛引涉及。違者聽磨勘大臣舉奏，分別議處。至策題每問至五六百字之多，空疏者，不難就題移易，點竄成篇。應申明定例，嗣後策間，每道俱不得逾三百字之數。倘有逾額冗長者，將該考官參奏。

三十七年諭：今日禮部奏，會試磨勘試卷，請將簽摘允當之原勘官，照例議敘。至以原勘遺漏之員，交部察議。而置全無簽摘之員於不問。定例殊未允協。嗣後凡原勘官已經簽出者，雖覆勘另有增易，毋庸復行交議。至各員內有派辦兩科，並未簽摘一卷，則其人全不以事爲事，疏漏實所難辭。照例予以處分，庶足示儆。所有此次會試磨勘無簽各員，著該部存記，俟下場磨勘時彙核查辦，如此準情定例，則功過皆得其平，而公事亦益昭詳愼。著爲令。

四十年，禁鄉試題，不得割裂牽搭。禮部議覆程景伊條奏，禁止鄉試考官出題割裂小巧。嗣後如有似此命題者，將考官議處。從之。（按時因四川省出題牽連無理，正副考官並行議處。）

又諭：據派出驗看本年八旗會試舉人騎射王大臣等奏稱應行考試者，一百二十五人內，報近視眼者七十三人，已揀令二十人照常騎射外，其餘實屬不能之五十三人，俱未令其騎射等語。馬步騎射，旗人根本，卽讀書人亦不可不學。今考試者一百二十餘人內，報近視眼者，竟有七十餘人之多，明係揑報，希圖規避。嗣後考試內若有似此不能騎射者，俱著停其考試。著爲例。

四十二年諭：嗣後令順天及各省主考官於刊發題目時，卽酌定三篇內承題起講，應用虛字，明白開列，另行刊印一紙，分給舉子。如此科首篇承題用『夫』字，次篇用『蓋』字，三篇用『甚矣』；起講首篇用『今夫』，次篇用『且夫』，三篇用『嘗思』之類。下科卽將此等虛字，錯綜更換，總聽主考臨期酌定，俾衆共聞知。通場一體遵用，違者貼出。如此於防範更爲周密。至會試亦著照此例行。將此旨通諭中外知之，並刊入科場條例。

又議定房考官，毋庸分經閱卷，及定試卷分束章程。

又奉諭：科場外簾各官子弟迴避之例，節經御史條奏，禮部議覆準行。其中尚有未甚允協者：如監臨知貢舉監試提調，總辦場內一切事務；其受卷彌封謄錄對讀收掌等官，亦各有承辦試卷之責；自應令其子弟迴避，以杜弊端。若兩翼副都統參領章京，不過入場彈壓，事畢，卽行出闈，與考試文字毫無干涉。至供給等所，並不與士子相見。卽順天府所委之巡綽等官，止於號外巡查，不能進號關照。又如磚門御史，點名後例不入場，亦可毋庸防範。所有副都統參領章京磚門御史，及供給巡綽等官，嗣後俱不必迴避。卽自今年爲始，著爲令。

又諭：向來雲南，貴州舉人進京會試，一路賞給驛馬騎坐，所以體恤遠方寒畯者，至優極渥。本年陝西鄉試中式第二名舉人黃斌，卽係新設迪化州阜康縣人。可見關外人文漸盛，殊屬可嘉。第念該處進京，道里較雲貴等省更遠。卽每科新疆士子，赴西安鄉試，路亦不近。而新疆車馬等項，僱覓維艱，殊堪軫念。嗣後嘉峪關以外士子，赴西安鄉試，及進京會試，並著加恩，照雲貴之例，一體賞給驛馬，以示優恤邊陲寒士之至意。

四十三年諭：文以明道，自當以清眞雅正爲宗，曾諄諄訓諭。而文風總未能醇，蓋非一朝一夕之故。本年會試闈中進呈前十名卷，朕詳加批閱，文體較爲純正，尙不失制藝之本。發榜後，詢之大學士于敏中。據奏近年風氣，喜爲長篇，又多沿用墨卷膚詞爛調，遂爾冗蔓浮華，即能文者，亦不免爲趨向所累等語。士子平日殫心經術，探討古文及時文諸大家，以立其體。作文尤須體會先儒傳說，以闡發聖賢精蘊，獨出心裁，屏除習見語，其文自然合度。何爲動輒千言，因陳不察耶？昔陸機云『要辭達而理舉，固無取乎冗長』；韓愈云『惟陳言之務去』。二語，實文章之正鵠，士子宜深味乎其言。嗣後鄉會試及學臣取士，每篇俱以七百字爲率，違者不錄。其庸熟墨派，悉行剔除。又或過爲新奇，墮入牛鬼蛇神惡道，尤在所澄汰。操觚者愼勿掉以輕心，司衡者各宜示以正軌。務期風會蒸蒸日上，以副朕崇雅黜浮之至意。

又議更定同考官仍用藍筆。大學士于敏中奏稱：同考官評閱硃卷，近科改用紫筆，似未妥協。查向例，評閱硃卷，同考官用藍筆，主考用墨筆，三色較然。且藍筆用於硃筆之旁，亦不嫌太素。自乾隆三十六年經禮部議定，將向外簾所用藍筆悉行改易，因將同考官閱卷，改用紫筆。紫筆稍淡，即易與硃相混。圈點加於字旁，不甚分明。設或點乙數字，亦難以辨別。甚至內簾書吏，繕寫文移，登記擋案，並用紫筆，尤覺非宜。臣愚以爲同考閱卷，仍照舊用藍筆。其內收掌及書吏，並當一體更正。惟內簾監試御史，仍用紫筆，庶足以昭愼重。從之。

又選拔貢生引見，奉旨以部員用者十五人，經吏部奏定，以七品小京官用。

又議減定商學額數，及設立鹵字號中額。大學士九卿會議御史戈源條奏：近來商學，商人子弟日少，外省假冒日多，請將商籍生員，一體勒回原籍，將各處商學運學各額，概行刪除。查商籍定額，始自順治十一年，相沿日久。若因淸釐冒考，概將眞商學額恩例裁除，亦未允協。商學運學原額，直隸、山東、陝西、均取進八名；山西取進十二名；江南取進十四名；廣東取進二十名；浙江取進五十名。額數既多寡不等，文風亦高下不齊，是以南省之人每樂向北省夤緣。若核實定額，即本商亦不肯輕以予人。應請敕交各省督撫學政，通查各省眞商親子姪弟應試，當核計人數多寡，另行酌減學額，具奏欽定。至鄉試因道途寫遠，必在商籍就近應試，當照直隸從前另編鹵字號之例，定額取中。除廣東舊設有鹵字號中額外，其餘直隸、江南、浙江、山東、山西、陝西，均查明從前另設鹵字號之例，歸於該省定額內五十名取中一名。雖應試多至數百名，總不得過二名之額。如有因人數過少，不敷取中，情願改歸本籍者，準其呈明改歸。嗣議準山東學政姚梁奏稱：商籍之設，原因民人遠出充商，其子弟不能回籍應考，準在行鹽地方入籍。嗣後實係遠商，其子弟照例收考。（按四十六年，議準江蘇商籍鄉試之人，每科多則十二三名，少則六七名，不敷另編鹵字號，請併入民卷取中。有情願改歸本籍者，準其呈明改歸本籍鄉試。）

四十四年諭：近來凡有諭旨應兼蒙古文者，必經朕親加改正，方可頒發。而以理藩院所擬原稿，示蒙古王公等，多不能解。緣繙譯人員未能諳習蒙古語，就虛文實事，敷衍成篇，遂致不相脗合。又如從前通德所繙清文，阿岱閱之，往往不能盡曉。夫阿岱素精國語，無不備知。其所以不曉通德之清文者，非阿岱不通清語，乃由通德拘泥漢字文義，牽綴爲文，於國語神理，全未體會。是歧清語與清文而二之，無怪其相背也。則蒙古王公等之不解理藩院之蒙古文，其義亦然。總由國朝定鼎至今百有餘年，八旗滿洲蒙古子弟自其祖父生長京城，不但蒙古語不能兼通，卽滿洲語亦日漸遺忘，又復憚於學習。朕屢經訓飭，而率教者無幾。固由習俗所移，亦其人之不肯念本向上耳。朕因挈矩而思之，非特此也。卽如制義代聖賢立言，雖古今時會不同，而中國語言，相沿未改，無難會意追求。乃今之所爲時文，朕覽之多不能解。朕雖不喜作時文，然向在書齋中，於明季及國初名家大家之文，亦曾誦習。其中如歸有光、黃淳耀、純乎古文，讀之心喜。餘亦理精義正，足供玩味。奈何今之作者，相戾若此！至於文體之變，固不始於今時。曩者魏晉六朝習尙浮靡，斯文極敝。韓愈出而起衰八代，約六經之旨以成文，人見之轉以爲怪。故其言曰『作俗下文字下筆令人慚，及示人必以爲好。小慚者謂之小好，大慚者謂之大好。』是文士趨向之壞，在韓愈時且然，何況今之距唐又將千載乎？文以明道，宜以清眞雅正爲宗。朕曾屢降諭旨，諄諄訓誡。無如聽之藐藐，恬不爲怪。大抵近來習制義者，止圖速成，而不循正軌。每以經籍束之高閣，卽先正名作，亦不暇究心。惟取庸濫墨卷，勦襲撏撦，效其浮詞，而全無精義。師以是教，弟以是學，舉子以是爲揣摩，試官卽以是爲去取。且今日之舉子，卽異日之試官。不知翻然悔悟，豈獨文風日敝，卽士習亦不可問矣。

四十五年諭：據磨勘試卷大臣奏，江南省第一名顧問卷頭場四書文三篇全用排偶，於文體有關。且首藝未經點題。請將該考官及本生交部查議。制義代聖賢立言，原以清眞雅正爲宗。朕屢經訓諭，不啻至再至三，何得又將駢體錄取？且拔冠榜首，所謂釐正文風者安在？況三藝俱用排偶，場中易於辨識，並不必再用字眼關通，更易滋別項情弊，殊屬不合。除將該舉子交部照例查議外，所有江南省正考官錢載，副考官戴鈞元，著交部議處。並將此通諭知之。

四十六年諭：向來殿試新進士，有至次早始交卷者。雖伊等草茅新進，對揚之始，未免矜持。但考試給燭，最滋弊竇。至於連宵達旦，則更長人倦，防閑更未能周。且朝考例作四題，尚不過日入完場，而殿試對策一道，窮日之力，寫作已可從容。何必焚膏繼晷，始得成章乎？況殿廷重地，尤宜謹愼。嗣後殿試交卷至遲亦以日入爲度，不得仍準給燭。其不能完卷者，仍準列入三甲末。士子等各宜自勉，以副朕剔弊遴才之至意。

五十年，又議申定二場論題，並用孝經性理論。禮部尚書姚成烈疏稱：查鄉會試舊制二場論題，孝經與性理，按科輪出。數科以來，祇以性理命題，恐士子以孝經爲功令所不及，庋之高閣。祈皇上敕令查明舊制，凡典試論題，將孝經與性理輪出，使天下士子，益知仰皇上孝治天下之意。從之。（按順治十六年，議準鄉會試後場論題，令考官間出孝經，以勵士習。又康熙二十九年，以孝經論題甚少，將性理、太極圖說、通書、西銘、正蒙一併命題。嗣後或專用性理，或專用孝經，或二書參用，更改不一。乾隆二十一年奉諭旨，將論判表概行刪省。二十三年，御史吳龍見奏準鄉會試，仍出性理論一題，未曾分晰具奏，以致近科惟以性理命題。茲經禮部議奏，二場論題，仍將孝經與性理二書兼出，著爲令式）

又舉行經學科。乾隆元年，尚書楊名時，疏薦莊亨陽、秦蕙田、王文震、雷鋐、蔡德晉等七人。詔以爲國子監官。十四年，再詔核實保舉，得陳祖范、吳鼎、梁錫璵、顧棟高四人。命將著述呈覽。授吳鼎、梁錫璵司業；陳祖范、顧棟高年老不能來京，給司業銜。

先緒二十四年，詔開經濟特科，視博學鴻詞例，令大臣保舉，赴京候考。二十七年，再宣詔旨。二十八年，保和殿集試兩場，一論一策。得袁嘉穀等二十七人。（袁嘉穀、張一麐、方履中、陶炯照、徐沅、胡玉縉、奏錫鎮、俞陛雲、袁勵準、馮善徵、羅良鑑、秦樹聲、魏家驊、吳鍾善、錢鑅、蕭應椿、梁煥奎、蔡寶善、張孝謙、端緒、麥鴻鈞、許嶽鍾、張通謨、楊道霖、張祖廉、吳烈、陳曾壽，分別錄用。）

二　孝廉方正

按馬貴與通考，於舉士一門，首列科目，凡明經進士諸科備焉。次賢良方正，則漢以後，凡天子特詔，曰制舉，又曰制科；次孝廉，則所稱興廉舉孝是也。西京以前賢良文學，令其對策；而孝廉無策試者。賢良以言揚，而孝廉以行舉。設科之意有分重，自不得并爲一途。清自雍正元年，至乾隆元年，曠典以時秩舉；寰宇內外，蒸蒸式化。緜維孝廉方正一科，採古賢良方正之號，合之孝廉，所期於應此舉者甚厚；爰專錄之，而以力田諸科附焉。

順治十五年，吏部議覆憲臣魏裔介條奏：舉用孝子授官，從未有例。但孝行關係風紀，若有司呈報，果有眞正孝子，許撫按具題，禮部覆核，敕臣部考試，選授縣正佐貳等官。如有冒濫揑報，原舉官參處從之。

雍正元年詔舉孝廉方正。先是，康熙六十一年，詔各直省每府州縣衞各舉孝廉方正，暫賜以六品頂帶榮身，以備召用。至是奉諭旨：國家敦勵風俗，首重賢良。前所頒恩詔內有舉孝廉方正一條，距今數月，未有疏聞。豈通都大邑之中，海澨山陬之遠，遂無潛修砥操，克稱俊乂，可應詔旨者與？誠恐有司怠於採訪，雖有端方之品，無由上達，殊負朕殷殷延攬之至意。著各省督撫，速遵前詔確訪舉奏。

二年奉諭旨：朕惟四民以士爲首，農次之，工商其下也。漢有孝弟力田之科，而市井子孫，不得仕宦。重農抑末之思，庶爲近古。今士子讀書砥行，學成用世，國家榮以爵祿；而農民勤勞作苦，手胼足胝，以供租稅，養父母育妻子，其敦龎淳樸之行，雖榮寵非其所慕，而獎賞要當有加。其令州縣有司，擇老農之勤勞儉樸，身無過舉者，歲舉一人，給以八品頂帶榮身，以示鼓勵。

五年奉諭旨：朕即位以來，加意旁求。如現任官員及候補候選科目諸人，每特令薦舉，遴選引見，廣開錄用之途，冀收羣策之力。又念各省學校，原以養育人材，令學臣保舉賢能，以備任使。乃直省學臣所舉人數不多；又或草率塞責，不能副得人之實，夫十室之邑，必有忠信。古者取人之法，惟鄉舉里選，合於三代之制。今直省府州縣學貢生生員，多者數百人，少亦不下百餘人。其中豈無行誼醇篤，好修自愛，明達之士乎？著州縣官會同該學教官，將貢生生員內，居家孝友，行止端方，才可辦事而文亦可觀者，秉公確查，一學各舉一人。於今年冬底申報該上司，奏聞請旨。

七年奉諭旨：中州之民，務本力田，勤於耕作。著該督於常例歲舉老農外，令所屬各舉一人，給以八品頂帶，以示優獎。

乾隆元年，吏部議準：凡府州縣衛，保舉孝廉方正，悉由地方紳衿耆庶鄉佑里黨，合詞具呈。該州縣採訪公評，詳稽事實。所舉或係生員，會同該學教官查核。造具清冊，加具印甘各結，申詳該督撫核實保題。照恩詔內開事例，給以六品頂帶榮身。如其中果有德行才識兼優，堪備召用者，準破格保薦。倘所舉不實，除本人斥革追究外，其濫行出結各官，照濫舉匪人例，分別議處。

五十年諭：福建巡撫雅德奏，侯官縣職貢生許王臣，自曾祖許友承，至伊孫曾，同居七世，丁衍百餘。洵爲盛世麻徵。請旨旌表。許王臣家庭順聚，雍穆可風。宜推旌淑之恩，益廣型仁之化。茲特親製詩章，御書扁額以賜。仍賞給緞匹，建坊旌表。

三 武舉

按周禮，賓興三曰六藝。而較射之典，古人尤重之。容比於禮。節比於樂，藉以觀德。後世武選，卽以是起家。又兼試以內場策論。必習韜鈐知書數者，乃膺其選。

世宗於雍正五年。御瀛臺紫光閣閱視武舉外場。復命親軍護軍等步射時，八旗人士能開數石弓以技勇稱最者，總萃林立。各直省中式者，見其挽强執銳，驚爲神勇。此皆漢六郡良家羽林期門之選，及唐時翹關負重之倫。特以技勇爲滿洲所素具，飫聞而習見，未曾設科目之名，是以無從紀述。清代舉士，文武並重。命學政取士膠庠；每鄉試屆期，則巡撫大臣，校閱外場，然後屆闈試之。拔其尤者，分別禁門入侍宿衛，可謂榮矣。大要武舉一途，西北諸省擅長，而東南閩廣邊地次之。凡出膺節鉞任提鎮者不乏人。國家培養訓習之效，亦於此徵盛云。

順治元年，定武舉會試於辰戌丑未年，各直省武鄉試於子午卯酉年。凡京衞武學官生，遇子卯酉武鄉試年，准一體赴試。

二年，准於十月舉行各直省武闈鄉試。

三年，定武進士出身授官例：一甲一名授參將，二名授遊擊，三名授都司。二甲授守備，三甲署守備。著爲令。

八年，併合畿南畿北兩武闈於眞定府。兵部奏言：直隸巡按，既以歸併一差，則畿南畿北兩武闈，亦應歸併一闈，查眞定府爲畿南畿北適中之地，且場屋寬敞，便於考試，請嗣後武闈，於眞定舉行。從之。

又兵部奏言：江南改直爲省，其武闈不應分上下江，應照各省事例，統於省城鄉試。從之。

十二年，兵部奉諭旨：國家選舉人材，共襄治理，文武允宜並重。今科中式武舉一百二十名，應照文進士一體殿試，朕親行閱視。先視馬步箭，後視策文。永著爲例。

定武進士授官品級。兵部奉諭旨：今科武進士，經朕親試，選取于國柱等二十三名，武藝可觀。且係本朝初行殿試，宜加優異。第一名，著授副將品級，第二名，著授參將品級。第三名，著授遊擊品級。第四名，以至二十三名，俱照例授以應得品級。伊等在京習學騎射，贍養需資，俱著先行照品級給俸祿頂帶。俟滿一年，爾部題請選授。

十七年奉諭旨：武科取士，拔其韜略諳通弓馬嫻熟者，以備將才。至於開弓舞刀掇石，俱屬虛文無益，以後俱不必試。

十八年得旨：武闈著先試策論，後試馬步箭。

又兵部奏請，殿試天下武舉。得旨：武闈已考過步箭及策論，又經內試選定，著停止殿試。

康熙三十六年，復試下第武舉。上御瀛臺紫光閣，閱武舉騎射。上發五矢皆中。諭曰：今科落卷內安知無騎射俱佳而被遺者乎？如其回籍則已；若有留此者，令兵部察明復試。

四十九年，太原總兵馬見伯疏言：武經七書，註解互異，請選定一部頒行。經部議駁。上諭大學士等曰：武經七書，朕俱閱過。其書甚雜，未必皆合於正。所言火攻水戰，皆是虛文。若依其言行之，斷無勝理。且有符呪占驗風雲等說，適足啓小人邪心。昔平三逆，取臺灣、定蒙古，朕料理軍務甚多。亦曾親身征討，深知用兵之道。七書之言，豈可全用？孟子云『仁者無敵。』又云『天時不如地利，地利不如人和。』今日若欲另纂一書，此時又非修武書之時。李光地奏曰：令習武者讀左傳卽佳。上曰：左傳浮誇，昔人曾議之。孟子有言『可使制梃以撻秦楚之堅甲利兵矣。』若知此意而用兵，方是。總之，仁者無敵，此是王道。與其用權謀詐僞無稽之言，不若行王道，則不戰而敵兵自敗矣。『王道』二字卽是極妙兵法。從古窮兵黷武，皆非美事。善戰者皆時至勢迫，不得已而後用兵也。昔吳三桂反時，江南徽州府屬，叛去一縣，將軍額楚往征之。有人獻策於賊云：滿洲不能步戰，若令人誘至稻田中，卽可勝之矣。豈知滿洲兵强勇爭先，未及稻田，已將誘者盡殺之。此獻策之人，亦爲我兵所殺。用武經七書之人，皆是此類。今於武經七書內，作何分別出題；及論語孟子一併出題之處，著九卿定議具奏。尋議：武經七書，惟孫子、吳子及司馬法，議論近正。嗣後考試武生武童論二篇，一題出論語孟子，一題出孫子，吳子及司馬法。舊例，鄉會試論一篇，策一篇，今改出論題二，策題一。從之。

五十六年，定武鄉試日期。自十月初九日至十三日，試騎射技勇。十四日入闈。從府尹俞化鵬請也。

雍正元年，兵部奉諭旨：今科中式武進士，係元年所取，狀元授為一等侍衛；榜眼探花，授為二等侍衛；二甲十三名，授為三等侍衛，令戴孔雀翎。三甲記名三十六人，俱授藍翎。餘照例棟選補用。

二年，兵部議覆吏部侍郎史貽直條奏，得旨：攷試武舉，議定編好字號。在京武鄉試，朕派信用大臣攷試。嗣後各省武鄉試，或以好字號取中，或以文章好取中之處，著於解部武鄉試錄內註明，以便會試時查對。至雍正四年，定鄉會試，外場弓馬技勇好者，另編好字。且分別雙單好字，移送內簾，先於好字號卷內選取。如不足數，乃選取餘卷。

五年，定武進士授官例：一甲進士，照元年例補授侍衛。二甲挑選十名，授三等侍衛。三甲挑選十名，授藍翎侍衛。俱俟補授營缺時，照侍衛品級兼銜。其三甲武進士候選守備者，兵部奏請欽點大臣，會同兵部棟選。一等二等者，以營守備註冊。三等者，以衛守備註冊。得缺之日，俱兼以署守備管事。如有弓馬生疎者，令其回籍學習。俟騎射可觀，再行赴部考驗。

九年、大學士等奉諭旨：各省督撫，著於所屬地方，召募揀選，人材壯健，技勇可觀者百餘人，咨送兵部奏聞。俟朕揀派官員，訓練教習，以備軍旅之用。武生童生，及鄉勇民壯等，俱可入選。每人本藉額外，給與守糧一分，以養贍其家口。本人進京之時，著督撫動支公用銀兩，賞給路費。

乾隆二十四年，御史戈濤奏：武闈應試之人，必弓刀石三項技勇，有一項在頭號二號者，方准合式，令入內場，列於甬道西號房。其雙單好字號者，列於甬道東號房。以絕代倩之弊。再武場以武經爲重，應裁汰四書論題，止存武經論，及策問題一道。下部議行。

二十五年，更定外場事宜。外場向例：馬箭連射三回，共九箭，中四者爲合式。試技勇合式後，復射地球一回。又例載遠把以五十步爲程，高七尺，寬五尺。每人各射九箭，中二者爲合式。試技勇後，復射近把。又應試弓力硬軟，向聽自使。至是江蘇巡撫陳宏謀，奏請馬箭止射二回，共六箭，再射地球一回。三四共中三箭者爲合式。其試技勇後再試地球之例，應行停止。又遠把酌改三十步，每人各射六箭，以中二者爲合式。射把不得隨意損益。其試技勇後，再試近把之例，應幷停止。至馬弓以三力爲率，步弓以五力爲率。其不及者，不准合式。有能加重者，聽。下部議行。

三十八年，諭馬步兵均屬行伍；馬兵考取武生，旣准其仍留原糧，則步守兵丁，原可毋庸歧視。至向例武生不准入伍食糧，必須註銷武生，方准充補；不過以武生名列膠庠，稍存優異，甚屬無謂。況武生鄉會試中式後，其所得官職，亦不過綠營弁員，則以武生在營學習當差，尤屬有益。嗣後如武生有情願入伍食糧者，准其呈報學政，卽令兼充，毋庸將武生註銷。著爲令。

四十年，兵部議覆鴻臚寺卿江蘭奏：請會試武舉於試期前一日，酌量各省人數多寡，分爲四冊，繕籤封固，於宣旨後，分圍考試。

四　任子

按虞書有云『賞延於世』；而殷盤誥誡，亦云『世選爾勞。』蓋因乃祖乃父，勤於王事，而恩及其子孫；任子之制，從來尚矣。西漢門廕，人才最盛：如蘇武之忠，汲黯之直，劉向馮野王之文學吏治，皆在於是。則任子中亦大有人在也。第以恩澤得官，其類不一。有賜任者，有奏任者，有恩任者。如南郊聖節，致仕遺表，秩滿兩任，皆得廕及子弟。所謂尙嬉竹馬，已獲荷囊；未應娶婦，已得任子；時已覺其太濫。至如東漢延熹中宦官任子，布滿州縣；故明王振，廕及貂璫，拖朱曳紫，比比皆足，又其甚焉者矣。清代愼重名器，不以爵賞濫施。凡勳閥故家子孫，或襲世爵，或襲世官，皆得以才地與選宿衞，日侍殿廷，敎訓而成立之，以備國家楨幹之選。其因恩詔賜廕者，例應視祖父品級、入監肄業，考試授官。又慮其稚齒顓蒙，恃家人之資廕，面牆不學，莅事爲甎，是以令在部學習行走，分別優劣，以辨去留。其長於騎射，願改武途者，聽之。既以昭朝廷世及之恩，亦以安臣子承家之分。所謂仁之至，義之盡也。至人臣臨危盡節，致命遂志，不復慮及後昆；而卹典施於身後，裔嗣以難廕受官，是又當時君主勸忠旣往，垂訓方來，不嫌於優渥者也。因述選舉，備著左方。

順治十一年，國子監奏：覺羅廕生，一例送監讀書，俟月分滿日，亦與官員廕生，一例照等銓授。從之。

十三年，定滿洲蒙古恩廕例：一品二品官廕生，俱以六品博士用。三品官廕生，以七品筆帖式用。

十八年，奉恩詔：滿漢官員，文職在京四品以上，在外三品以上；武職，京外二品以上，送一子入監讀書。三年期滿候銓。凡官員非現任者及未承廕之先曾經緣事治罪者，俱不准廕。至康熙三年，題准各官廕監生，其父緣事革職，其廕子未仕者革廕，已仕者免止於降調者仍留廕。康熙六年，定各官不論品級，暨宮保等銜，均照實俸廕子。

康熙元年，諭旨：原任大學士希福、范文程、甯完我、額色黑，皆自太宗文皇帝，歷任內院，贊理機務。效力最久，勤勞素著。其子宜加擢用，以示鼓勵。范文程子范承謨，額色黑子塞色黑，已補內院學士。希福甯完我各一子，亦著以學士用。

三年，定承補恩廕例。凡承廕，先以嫡長子孫。如嫡長子孫出仕，或有故，方廕嫡次子孫。無嫡次子孫，方廕庶長子孫。庶長皆無，方廕弟暨兄弟之子。應合承繼者，其子孫在詔後生者不准廕。生未仕而故，准補一人。患病殘廢者，驗明退廕另補。已補而又故者，不准再補。又定各官廕監生，已得官職暨科目中式者，不准補廕。定漢人難廕生，均以州縣選用。凡漢軍難廕生，例俱以知縣知州，隨到隨補。漢人難廕生，例俱以小京官用。據廕生袁象乾等呈稱缺少人多，永無補用之期。得旨：漢軍漢人，陞轉既已一體，以後漢人難廕生，俱著照漢軍之例行。旋議改漢軍廕監生，亦照舉人例，以知縣用。

又定漢軍漢人殉難廕生，三品以上者，以知州用。四品以下者，以知縣用。布按都三司首領，及州縣佐貳六品七品官之子，以縣丞用。八品九品官之子，以縣主簿用。未入流之子，以州吏目用。

六年，定廕生授官例。公侯伯一品官廕生，以部院衙門五品缺用。二品官廕生，以六品缺用。三品官廕生以七品缺用。四品官廕生，以八品缺用。尋定恩詔廕生，漢正一品官，以員外郎治中用。從一品官廕生，以主事用。正二品官以主事部察院經歷京府通判用。從二品官，以光祿寺署正大理寺寺副用。正三品官廕生，以中行評博通政司經歷太常寺無簿用，從三品官廕生，以光祿寺典簿鑾儀衛經歷詹事府主簿京府經歷用。四品官廕監生，與捐貢監考職人員，一體考定職銜，入於應選分內分缺輪班選授。漢軍正一品從一品官，以員外郎用。正二品從二品官，以主事大理寺寺正用。正三品從三品官，以七品筆帖式用。四品官以八品筆帖式用。八年，吏部奏定：八旗滿洲漢軍文武官員廕生監生內，有不能兼習滿漢字者；有蒙古廕生監生內，不識滿字，亦有全不識字者；不便以部院衙門用。應報明吏部，或願學習，或願以子弟頂補，或願隨旗上朝，分別辦理。

九年，准包衣下官員子弟，一體承廕。凡包衣佐領下官員子弟，向不准爲廕生監生。至是吏兵二部奉諭旨：內外官員，效力相同，加恩豈宜有別？嗣後包衣佐領下官員子弟，准爲廕監。爾部定議具奏。尋議包衣下一品官子弟，許其承廕，二品至四品，各廕一子入監讀書。從之。

十四年，賜殉難副將遊擊各廕子弟一人，以守備用。外委官俱廕子弟一人，以千總用。

又吏部奏：靖逆將軍甘肅提督候張勇，出首逆賊吳三桂僞劄；今又恢復河州洮州，爲國效力，克盡忠誠。應將伊子一品官廕生張雲翼，從優以大四品京堂用。從之。

五十二年，宗人府以宗室內素無廕子入監讀書之例，奉萬壽恩詔，授宗室之子爲廕生。其應將何等宗室給與廕生，及廕生入監讀書，期滿作何行走之處具奏。奉旨：未入八分公以上，鎭國將軍，輔國將軍，及宗室內爲一二品大臣者，俱准給廕生。其廕生入監讀書之後，卽令隨旗行走。

雍正元年，定考試廕生例，奉諭旨：內外廕生監生等，到部考試繙譯書法，再分派各部行走，令伊等咸得勉力學習。至世襲官員所得三品廕生內，若考試有列優者者，仍著奏聞，賜以所應得原品。如此則伊等必痛自砥礪，以求上進。不但國家得有用人才，足供任使，卽各部院衙門，亦不致令無知子第，羣廁其間，率意肆行，爲衆人所譏議矣。

三年，考試八旗滿洲漢軍廕生。頭等遇缺卽用，二等照本班挨次補用，三等隨旗上朝。

四年，領侍衞內大臣等奉諭旨：朕思教育三旗之記名功臣子孫，若令伊等在一處讀書，則教授之人，必不加勉，而衆幼童聚於一處，亦不得實在肄業。將此內二十歲以上，曾習淸漢書者，各與二兩錢糧米石，令在部院爲貼寫筆帖式。該管大臣，將優等保奏，以筆帖式補用。若二十歲以上之不曾讀書者，照護軍與四兩錢糧米石，令在捕牲執事人處行走。優者即可用爲侍衛，或補授官職。其十九歲以下者，如在家庭能延師教訓，無容併及。其餘，每月與四兩錢糧，以爲延師肄業之費。此次恩施，並將大臣等之子孫，一體均沾。交伊等父兄，令將子弟之文武學業，加意教訓，俟伊等至二十歲時奏聞。朕所以如此施恩者，凡欲成就功臣之子孫也。伊等父兄，理宜仰體朕心，各自諄切，教其子弟。庶文武學業，俱得漸進，以底於成就矣。

乾隆三年，奉諭旨：我皇考酬庸念舊，特立賢良祠於京師，俾我朝宣勞輔治，完名全節之王大臣，永承禋祀，垂譽無窮，實自古未有之曠典也。賢良大臣之子孫，已登仕籍者固多；其中或有不能自振，漸就零落之人，亦屬可憫。朕仰體皇考厚待耆舊之盛心，加特恩一次。除現在入祠之子孫，有文官七品以上，武官五品以上者，已經錄用，無庸查奏外；如子孫並無仕宦，或有品級而甚屬卑微者，著該部行文各旗都統，及各直省督撫查係嫡裔，擇其品行才質可以造就者，給咨送部，帶領引見，候朕酌量加恩。

三十四年，諭內外文武大臣，皆分職任事，爲國宣力，分應予廕世爵。公侯伯等祖父勳庸愍著，錫慶承家，即照一品子廕，亦與延賞之義相符。若子爵男爵之一品二品，或先世績本稍微，或承襲久而遞減，平日並無職任，不過朝期上班，及本旗應差，不應與內外大臣公侯伯等一體予廕。著照雍正二年諭旨，子爵視三品官，男爵視四品官，下部議行。

三十九年諭：前因陣亡員弁，深堪軫念，曾經降旨於伊等襲職次數已完，復著賞給恩騎尉，令其世襲勿替，著爲令。其原官之嫡嗣，准照此例承襲，若係絕嗣，撫養兄弟之子者，於承襲世次已完時，無庸給與恩騎尉。

四十八年諭：朕披閱明臣奏議，熊廷弼爲遼東經略時，抒誠效命，所奏諸疏，具見忠鯁，而其時主闇政昏，不惟不用其言，轉致身罹重辟，深可憫惻。因降旨查其現在有無子孫，曾否出仕。茲據舒常等查奏，熊廷弼後裔均以務農爲業，惟次支之五世孫熊泗先業儒，人尙明白等語。熊泗先着加恩以訓導用。該督撫卽行咨補，俟六年俸滿後，如果堪膺民社，再行保舉，送部引見。

又諭：朕披閱明史，袁崇煥督師薊遼，尙能忠於所事，而其時主闇政昏，不能馨其忱悃，以致身羅重辟，深可憫惻。因降旨查其現在有無子孫，曾否出仕。茲據該撫尙安查奏，袁崇煥無嗣。伊嫡堂弟文炳之子，入繼爲嗣。現有五世孫袁炳，並未出仕等語。所奏尙未明晰。袁炳如果文理通順，卽照熊廷弼之例，以訓導咨補，俟其六年俸滿，察其堪膺民社，再行保舉送部引見。如僅能粗曉字義，人尙明白，卽以佐雜等職補用。若未經讀書，以務農爲業，卽賞給八品頂帶榮身。（按明臣熊廷弼袁崇煥，先後守邊，備著勞績，明季紀綱不振，黨論紛呶，是非倒置，遂使任事之臣，並羅重辟，自經明史論定，公議始昭。茲復仰邀人主褒嘉，錄及後嗣，盛世勸忠之典，可謂至矣。）

五十年，諭綠營員弁，除軍功議叙卹賞，仍照舊例辦理。若陣亡人員，毋論漢人及旗人，用於綠營者，總與旗人一體給與世職。卽襲次已完，亦應照例酌給恩騎尉，俾賞延於世，以示朕獎勵戎行，一視同仁之至意。

五　吏道

按周有府史胥徒，漢有郡縣椽之屬，卽今之吏員也。三代時，人各以才地自安，筦庫之士，咸世其家，終其身無外慕。至漢，則刀筆吏或至爲宰相封列侯。於是乎智計輻輳之士，有不嫌以吏道入官者。後世文武各途，皆資拜獻。爲士者既不屑屑於吏。其人之年力已長，無所成就，又不能霑體塗足，束身南畝者，往往歸於是以資其生。自其祖孫父子，居通都大邑，日事侈靡，勢必因事而有所索取。世宗懲其積蠹，於是有役滿占缺之禁，有回籍候選之條。不使久住京師，爲滋弊淵藪。嗣後復遇事重懲，防微杜漸。兼之五年期滿，議敍得官，亦可以贍其衣食矣。夫治道去其太甚；既防其有作奸犯科，亦予之以微勞銓敘。立法均平，無踰是者。茲以吏道出身銓用之法，敘列於左。

順治五年，吏部奏令內外各衙門，將辦事吏員，自順治元二兩年，實歷至今者，俱確查送部，照例考補。得旨允行。仍諭嗣後吏員，實歷五年，卽與考取著爲令。

十二年，吏部議覆山東道監察御史王秉乾疏言：軍前委用官員，必詳勘履歷，方可給劄。有以吏員出身，而經委署府州縣正官者，如部選有人繳劄到部，俱應以首領縣佐用。永著爲例。從之。

定吏員考職例內外各衙門吏員役滿考職。自正八品以下，至未入流，十五年，分爲五等。止與九品以下職銜。至康熙三年，分爲四等。一等以正八品經歷用。二等以正九品主簿用。三等以從九品用。四等以未入流雜職用。分班銓選。

康熙五年，吏部議覆科臣碩穆科疏言：吏員一途，雖係微末，亦關係國家名器。乃竟有冒名頂替之人，嗣後各衙門，起送年滿吏員，應給與印信執照，開明年貌籍貫，並充役咨部日期，付本人收執。於畫憑領憑之日，送部科查驗，以杜頂冒之弊。應如所請。從之。

雍正元年諭旨：各衙門募設書辦，不過令其繕寫文書，收貯檔案。但書辦五年方滿，爲日已久，熟於作弊。甚至已經考滿，復改換姓名，竄入別部，奸弊叢生。更有一等缺主名色，子孫世業，遂成積蠹。自後書辦五年考滿之後，各部院堂司官查明，勒令回籍聽選。如有逗留不歸者，飭令五城司坊官，稽查遣逐。

二年，奉諭旨：吏員捐納出身，知縣以上官員，直省共有幾人，著查明奏聞。尋查明覆奏。得旨：現今查出者，其居官優劣之處，著督撫出具保結報部。如不詳細報明，日後發覺，將隱蔽之上司，一併革職。

五年，定倉書儒士錄用例。吏部議奏：京通各倉倉書，五年役滿，倉糧毫無虧空，咨送到部，免其考職，以從九品未入流二項兼掣。再禮部儒士，食糧三年期滿，咨送過部，免其考職，以府檢校典史選用。

乾隆五年，奉諭旨：前經吏部議覆，役滿書吏，應飭令回籍。其中願就揀選之人，於三個月揀選一次，帶領引見。將奉旨准用者註冊，俟將來外省請人時派往等語。昨日已經引見一次，爲數亦只五人。朕思此等微員，一年之中，頻頻引見，亦覺非體。俟後著交與大學士會同吏部堂官，三月揀選一次，將名姓奏聞請旨。著爲例。

四十九年，吏部疏言：從九品款項繁多，以吏目爲最優。捐納從九品人員，不得選用吏目，獨供事議敍從九品，得以兼用。未爲平允。請更定照捐納從九品之例，不得選用。從之。

六　方伎

順治十二年，欽天監監正湯若望，九年考滿；加通政司通政使銜，賜二品頂戴，仍管欽天監事。

康熙七年，禮部奉諭旨：天象關係重太。必得精通熟習之人，乃可占驗無誤。著直隸各省督撫，曉諭各屬地方有精通天文之人，卽行起送來京考試。於欽天監衙門用。與各部院衙門官員，一體陞轉。

八年，授西洋人南懷仁，爲欽天監監副。先是，欽天監官，按古法推算，康熙八年，以十二月置閏。至是南懷仁言雨水爲正月中氣；是月二十九日値雨水，卽爲康熙九年之正月，不當置閏，置閏當在明年二月。上命禮部詳詢欽天監官，多直南懷仁。乃罷康熙八年十二月閏，移置九年二月。其節氣占候，悉從南懷仁之言。授爲欽天監監副。

乾隆二年，奉諭旨：在璣衡以齊七政，視雲物以驗歲功，所以審休咎，備修省，先王深致謹焉。今欽天監歷象考成一書，於節序時刻，固已推算精明，分釐不爽。而星官之術，占驗之方，則闕焉未講。但天文家言，互有疏密，非精習不能無差。海內有精曉天文，明於星家者，直省督撫確訪試驗，術果精通，著咨送來京，該部奏聞請旨。

三年大學士伯鄂爾泰奏：據太僕寺少卿成德，欽天監監正明圖等，詳籌官學事宜。查算法爲六藝之一，最爲纖密，肄業必得專功。應專立一學，即在欽天監附近之地。額設算學生三十六名。欽遵御製數理精蘊，次第教授。綫面體三部，各限一年。七政，共限二年。每季一小試，每歲一大試。屆期，該學會同欽天監公同考試。又新設算學，必就通曉算法之大員，經理其事。請交順天府府丞梅瑴成，原任侍郎何國宗，協同太僕寺少卿成德管理。從之。

又禮部奏：浙江杭州府生員張永祚，通曉天文，明於星象。應令其在欽天監天文科行走。奉諭旨，張永祚著授爲欽天監八品博士。

七 舉官

按馬貴行通考有云：三代兩漢，擧士與擧官合而爲一；士之獲擧，未有不入官者也。至唐以試士屬禮部，試吏屬吏部；於是科目擧士，銓選擧官，區爲兩事。至吏部主文選，兵部主武選，則擧官之內又分兩途。竊見晉時山濤甄拔人物，各爲題目，號稱啓事。夫以天下人士，仰品鑒於吏曹，以俄頃之周旋，定才行之優劣，甚至鑽營倖進，權在私門。晉唐以來，宋金元明，千數百年，此弊未革。清朝創業之初，詔求賢俊。凡貝勒以下，咸得各擧所知，即一介之微，亦得以其所識，薦達御前，並邀錄用。聖祖立賢無方，兼收並採，惟停止會推之例，以杜絕黨援。世宗時，屢詔廷臣薦擧，或密緘書名，或露章奏達。漫綸疊下，公聽並觀。蓋擧賢之途既廣，則事出於公。非如往代，九流人物衡鑒之權，盡歸銓部，俾海內賢才，決於掌選者一人之耳目也。自後權衡銓次，損益因時。滿漢文武職官，各得其敘。凡選法之畸輕畸重者，斟酌調劑，必合乎審量之平。從此注品有崇卑，序次有前後。例之所定，一成而不易，雖其親暱，不得以意爲重輕，而吏胥之徒，亦無從舞弊誘惑選人。此清朝之大經大法也。

乙卯年奉太祖高皇帝諭旨：君，天所立也。臣，君所任也。爾諸臣敬念乃職，凡有賢才可任國政者，知之勿隱。國務殷繁，必得賢才衆多，量能授職。倘治國治兵，經理之才，何以濟事？故勇能攻戰者，宜令治軍；才優經濟者，宜令理國；博通典故者，宜諮得失；嫻習儀文者，宜襄典禮。若玆賢才，當隨地旁求，俾列庶位。是時上既削平諸國，每三百人設一「牛彔額眞」；五「牛彔額眞」設一「甲喇額眞」；五「甲喇額眞」設一「固山額眞」。「固山額眞」左右設兩「梅勒額眞」。初設有四旗，旗以純色爲別：曰黃、曰紅、曰藍、曰白。至是添設四旗，參用其色鑲之，共爲八旗。特命羣臣選擧賢才，以備任使。

天命十年，奉諭旨：大臣身秉國政，知有公忠之人，雖仇勿隱，當直指其善；知有姦慝之人，雖親勿護，當直指其惡。蓋公忠之人，當國家締造時，身歷艱險，創立功名，輔成大業，固當身履榮顯，澤及子孫。姦慝之人，當經營國事之日，借端委謝，避害全軀，逮國運昇平，反欲先蒙其利。此宜預設防維，毋使逐其巧詐。夫國豈常憂患，必有安樂之時，惟能憂其憂，乃能樂其樂也。

天聰三年，上選用儒臣，分班侍直。巴克什達海同筆帖式剛林、蘇開、固爾馬渾、托布齊等四人，繙繹漢字書籍。巴克什庫爾纏，同筆帖式烏巴什、查素喀、瑚球、詹霸等四人，記註本朝政事，以昭信史。

八年，甲喇章京朱繼文之子，延慶奏曰：伏思我國之攻城破敵，斬將搴旗者，實不乏人。守境治民，安內攘外者，概未多見。往年遵化永平之役，得有四城，而隨以鮑高甯范分守其地。假使再獲數城，卽揀選於漢官中，而倉猝之際，恐難名實相稱也。大抵揣摩於平日者，庶可擔當於一旦而不靡。臣實庸愚，不敢自薦。臣有二友，又不敢自隱。今略言其行止，伏維睿鑒。佟三下陳極新，剛果鄭重，明理知幾。且友於弟，孝於母，一家藹如。能治其家，未有不能治其國者也。刑部啓心郎申朝紀，溫雅正直，練達世務。處家儉而守身約，訥於言而敏於行。視之若木，實足肩鴻任巨也。茲二人者，雖不能跨步前儔，亦足尾其後塵。皇上召至御前，詢以時務；擢之從征，試以任使。倘若臣言差謬，願甘欺罔之罪。臣又聞逮大廈者非一木之力，成大功者非一人之略。是以臣竭忠冒死而有此奏。上覽畢，召朱延慶，並所舉陳極新申朝紀至，謂延慶曰：爾所奏之言俱善。凡人建言，必實指曰，某也賢，某也不肖。於任國政諸大臣，必實指曰，某大臣能稱厥職，某大臣惟利足圖，某徇庇所私之人，某傾害所惡之人。務直指其名以奏。凡人於國之賢才，皆得薦舉。毋曰何賢才如此衆多。朕猶以爲未足也。爾等知其賢而舉之；使或變其初心，後爲不善亦彼自爲不善耳，於舉者何與焉？今朕將錄用爾等。於是令延慶陳極新，於文館錄用，以中朝紀原係部臣，仍令在刑部辦事。

崇德七年，新設漢軍八旗，選官補用。始編漢軍爲八旗，各設牛彔章京。上諭著該部王大臣，同漢軍固山額眞梅勒章京等，遴選用之。

順治元年，順天巡撫宋權，獻治平三策。一廣羅賢才以佐上理。併薦故明薊遼總督王承吉等。旋飭廷臣，各舉所知。嗣以廷臣所舉，類多明季舊吏，及革職廢員。未有肥遯山林，隱迹逃名之士。飭令自今以後，須嚴責舉主所舉得人，必優加進賢之賞；所舉紕謬，必嚴行連坐之罰。至於薦舉本章，止許開具鄉貫履歷。其才品所宜，應聽朝廷定奪。不許指定某官，坐名何地。無論貴賤遠近，隱顯升沈，果有灼見眞知，悉許薦舉。倘以貲郎雜流，市傭村叟，及革黜青矜，投閒武弁，妄充隱逸，以致流品不分，選法壅滯，如前朝保舉故事，各有所歸。若畏避連坐，因而緘默不舉者，亦必治以蔽賢之罪。

六年，刑科給事中陳調元奏言：朝廷之賞罰，惟憑督按之舉劾，而舉劾之公私，全憑道府之開報。乃有督臣所薦，卽按臣所劾者。疏內皆云據司道開報。夫一人也，一以爲大賢，一以爲不肖。一揭也，忽而加諸膝，忽而墜諸淵。夫朝廷用人，止此舉劾，以爲察吏致治之本，而舛錯至是；則督按之耳目安寄？國家之賞罰何憑？伏祈嚴飭確核開報同異之弊，立加處分，庶勸懲當而吏治清矣。下部院察議。

十年，工科給事中劉顯績奏言：自古帝王，左史記言，右史記動，期昭示當時，垂法後世。乞設立注官，凡有詔諭，及諸臣奏啓，皇上一言一動，隨事直書，存貯內院，以爲聖子神孫萬世法則。報聞。

十一年，奉諭旨：朝廷設內外諸司，所以代天工，理庶務。無論文武衙門，大小官員，各有責任。聞官多缺員，皆因吏胥作姦，朦混沈壓，上下其手，竊弄事權，求索賄賂。吏胥之弊，司官不舉；司官之弊，堂官不察。因循延緩，日復一日，以致弊竇叢生。甚至有頻年困頓，流落旅邸，不得一官者。人才淹抑，政事廢弛，皆此之故。今後爾等兩部務須正己率屬，剔弊釐姦。各該司官，務洗心滌慮，奉公守法。毋得縱役夤緣，仍蹈前弊，以取罪戾。滿漢各官，當互相砥礪，勉圖職業。將現在內外文武大小員缺，作速詳察，盡行推補。務俾人才効用，政事修舉，稱朕承天愛民至意。

十二年，吏部議覆吏科都給事中朱徽疏言：吏部司官一年內陞一人，外轉一人；科員一年內陞二人，外轉二人；御史二年內陞三人，外轉三人；司道除陞巡撫外，每年亦內陞三人。司道內陞，滿洲不論科目，漢人仍以科目出身爲限，必查曾舉卓異，俸薦俱優者，方准內陞。此外若又有缺出，則以在京衙門應陞之人補用。從之。

又奉諭旨：知府乃吏治之本。其最要者，如直隸之眞保河間；江南之江寧淮揚蘇松常鎭；浙江之杭嘉湖紹；山東之濟南青兗；山西之太原平陽；河南之開封彰德；陝西之西安延安；江西之南昌吉安；湖廣之武昌荆襄；福建之福州泉州，共二十府，或政事殷繁，或地方扼要。著在京各衙門，滿漢堂官三品以上，及在外督撫，各舉才行兼優堪任知府者一人，詳開履歷事蹟具奏。吏部再加察議，奏請定奪，以備三十處知府之用。歷代州縣之制，自漢以來，皆以人戶分大小。隋有閒劇衝要之等，唐有赤畿望緊之差。明時因之，酌爲繁簡，定有成例，隨才器使，各盡其用。著吏部詳察舊例，參酌時宜，將地方分爲三等，具疏奏奪。應選官員，考其身言書判，精加揀選，亦各三等具奏。上等者列名引見，候朕面定，方將上等之缺，從公掣籤，其考居二等者，授二等地方，三等者授三等地方。不必引見，俱從公掣籤。務使州縣各官，人地相稱。至有司賢否，全憑督撫舉劾。近乃上下扶同，以饋遺之厚薄，情面之大小，顛倒貪廉，吏治因之大壞。以後責令司道府推，一應官評，務要細開事蹟，轉報督撫，逐件確核。如開報不實，卽先指名題參。至督撫止憑開報，不親自體訪覈實，以致賢否混淆，事發一體究治。（按唐開元中定天下州府，以近畿爲四輔，其外爲六雄，則鄭陝汴絳懷魏六州是也。又爲十望：宋亳滑許汝晉洛虢衞相十州是也。元有上路下路之別，有上縣中縣下縣之分。明有上府中府下府之等，縣亦如之。張九齡論唐時以牧守之任，爲斥逐之區。宋天聖間，令選猥下，士大人輕其選，或選而不注者有之。清於定鼎之初，首重民事。是以守令之任，愼選其人。凡郡守牧令之選，奏名廷陛，無不引見之員。各省府州縣，定爲衝繁疲難等缺，有四字相兼者，有三字者，有二字一字者。知府員缺，有請旨者，有部選者。部選中又有繁簡之不同。例得於授官後，及報最時，具摺謝恩請訓，召見殿墀。

於部選初授者，觀其應對，以覘異日之政聲。凡督撫保題者，詢其任內實蹟，所至地方情形，以徵治行之優劣。及抵任時各省要缺，仍令督撫可以專摺奏請更調。蓋斟酌衡量，因時因地，各得其宜。而郡縣官人之法，於斯爲大備焉。）

又吏部奉諭旨：國家官人原當內外互用，以勵羣材。近見外官內轉，京官外任者，多能稱職，宜再行互用。除翰林官員朕自裁定，其六部卿寺等衙門官員，有才優經濟，堪任養民者，著各堂官開列。六科官員，著吏部開列。各道御史，著都察院開列。通送吏部，會同都察院，察核速奏。其在外司道等官，品行著聞，政治卓越者，確察實蹟，遇缺內轉，務使內外得人，職事修舉，以副朕圖治安民至意。旋以侍郎等官及科道官俱傳諭親加裁定，分別酌用，遇缺卽補。吏部議翰林官外陞職銜：正詹以布政使用；支正二品俸少詹以布政使用；侍讀學士以按察使用；侍讀中允以參政用；編修檢討以副使用；侍郎副都御史通政使大理寺卿以布政使用；支正二品俸太僕寺少卿順天府府丞以按察使用；光祿寺少卿以參政用；六科左右給事中以副使用；給事中以參議用；監察御史以副使用。從之。

十八年，定沿海之地，照邊俸陞轉。浙江台州府屬之臨海黃巖太平寧海，溫州府屬之永嘉樂清平陽瑞安，寧波府屬之鄞縣奉化定海象山，俱作邊俸。其三郡之道府廳各員，一體照邊俸陞轉。

又吏部奏：巡按已經停差，其地方事務，俱交巡撫管理。今議定巡撫薦舉額數。順天巡撫，應薦方面官一員，有司佐貳官共三員，教官三員。保定巡撫，應薦方面官一員，有司佐貳官共五員，教官五員。江寧巡撫，應薦方面官二員，有司佐貳官共三員，教官三員。操江巡撫，應薦方面官一員，有司佐貳官共三員，教官三員。鳳陽巡撫，應薦方面官二員，有司佐貳官共四員，教官四員。山東巡撫，應薦方面官二員，有司佐貳官共六員，教官六員。河南巡撫，應薦方面官三員，有司佐貳官共七員，教官六員。陝西巡撫，應薦方面官四員，有司佐貳官共七員，教官六員。甘肅巡撫，應薦方面官一員，有司佐貳官教官共二員。延綏巡撫，應薦方面官一員，有司佐貳官共二員，教官一員。寧夏巡撫，應薦方面官一員，有司佐貳教官共二員。浙江巡撫，應薦方面官三員，有司佐貳官共六員，教官五員。福建巡撫，應薦方面官二員，有司佐貳官共四員，教官四員。江西巡撫應薦方面官三員，有司佐貳官共五員，教官五員。南贛巡撫，應薦方面官二員，有司佐貳官共三員，教官二員。鄖陽巡撫，應薦方面官一員，有司佐貳官共二員，教官二員。湖廣巡撫，應薦方面官四員，有司佐貳官共七員，教官六員。偏沅巡撫，應薦方面官二員，有司佐貳官共四員，教官三員。廣東巡撫，應薦方面官三員，有司佐貳官共六員，教官六員。廣西巡撫，應薦方面官二員，有司佐貳官共四員，教官四員。四川巡撫，應薦方面官三員，有司佐貳官共七員，教官六員。貴州巡撫，應薦方面官二員，有司佐貳官共三員，教官二員。雲南巡撫，應薦方面官三員，有司佐貳官共四員，教官三員。漕運總督，應薦方面官七員，有司官十六員，佐貳官六員。著爲例。從之。

又吏部議選官之法：無論進士舉人等項，核定職銜，概令在籍候選。其赴部點卯近例，一切停止。吏部查照年月先後，挨次掣選，發憑各省巡撫，催令赴任。候選各官，有丁憂病故患疾等項，應令該撫隨時報部，以憑註册扣選，免致選後更張。旋復經議定，候補内外各官，一概準其回籍，照名次先後題補。凡候選候補裁缺起復降調等項，京官以奉旨之日爲前後，外官以咨文到部之日為先後，挨次敘用。從之。

又定吏部掣籤例：大選急選之日，吏科、河南道各滿漢官一員，赴部驗明缺籤，公同封固。吏部堂官掣名籤，科道官掣缺籤。

康熙二年，奉諭旨：大選急選，報供日期，若距選期太近，揀選出缺美惡，易於滋弊。以後改每月初一日報供，自投文到部後，隔一選銓補。初選官投供結，候補官止投原籍印結，俱令親身赴部。

六年，御史李文熙疏言：各部郎中，陞補府道定例，每月府道缺並出，始命掣籤補授。今道缺已裁十分之七，郎中銓選無時。嗣後請出有府缺，即令陞府；有道缺，即令陞道。得旨：以後遇推陞之月，不必分別道府，著照所出之缺，內外應陞官，均平推陞。

又貴州道御史高坪疏言：州縣離任，勢必委官暫署，此定例也。乃有督撫委用者，亦有司道請委者。臣愚以為委署之事，宜專責成知府，而行保舉連坐之法。蓋一郡之官，惟知府熟見其才品，而稔悉其臧否。且錢糧皆關知府考成，則擇人署篆，尤其職掌之所最切。嗣後有應委署者，務令知府於所屬愼擇賢能之吏，詳呈督撫，嚴行察核。果堪稱職，方準委用。倘有徇庇，將知府並劾，則人知自愛，而署理可淸。」下部議行。

七年，吏部奉諭旨：「國家政務，必委任賢能，乃可贊成上理。今在京各部院滿漢官員，俱論資俸陞轉，雖係見行之例，但才能出衆者，常以較量資俸，超擢無期。此後遇有緊要員缺，著不論資俸，將才能之員，選擇補用。」

八年，廣西道御史戈英疏言：「近者銓部復行寄憑之法，其弊匪一。有緣事已故而仍選者；有懸缺一二年者。有人南缺北，寄憑赴任，往返萬餘里者；有在籍物故，地方官失於詳報，致參罰受累者；有業經報部，憑已先發，咨回另選者。種種遲誤，難以枚舉。且在籍候選，其人之衰老病廢，部臣何由得知？及曠職誤事，始行參黜，貽害已多。與其參黜於後，何如愼簡於先？況在京候選者，見奉有投供點卯，該部詳閱老病之例。掄才器使，莫善於此。臣以爲在外候選各官，亦宜仿行此法。請查覆舊章，停止寄憑。概令赴部投供點卯，仍飭部臣詳閱，斥汰衰邁。庶銓選得人，而事理可垂久無弊。」下部確議。尋議：「嗣後凡初授官員，約計一年內，缺出多寡，將奉旨即用，併年分在前者，截取令人文到部候選。其候補官員，原無截取之例，亦令人文到部，始行補用。從之。

十年，停止會推推陞之法。順治九年，議準尚書侍郎都御史副都御史宗人府府丞通政使大理寺卿內閣學士掌院學士等官，俱由會推，至是停止。將應陞轉各官，開列具題。凡九卿京堂翰林吏部科道內閣中書及在外布按鹽運使各官，遇缺當補，即行單題。凡部寺屬官，及方面有司佐貳雜職，缺出掣籤，逐月彙題。是時惟外省藩臬間一奉旨推舉，至五十一年，盡行停止。（按會推之制，始於明時。定制之初，未始不以登明選公爲說，迨其後，則仍以一二有力大臣操其魁柄，而下此皆附和之。有異議者，中以他法，亦無能自辨。此正昌黎所云大官臆決唱聲，萬口一辭者也。沿至故明末造，以政府廷推，黨同伐異，爭勝負於口舌之間，元黃反覆，而國勢隨之。至清朝則乾綱獨斷，綜攬治權，至是凡大學士等員缺，暨直省總督巡撫，停止會推。將應陞應轉各員，開列具題，恭候欽定。既省公私之傾軋，并無恩怨之牽縈，而黨援門戶之風，亦從此息矣。）

十一年，吏部議覆河南道御史嚴曾渠疏言：凡異途出身之人，不得以正印官用。果有才能出衆之員，該督撫特疏保舉，吏部方以正印推陞。此定例也。但保舉異途人員，不開列事實，恐庸才得以冒濫。請嗣後令督撫，於疏內開列事實，以憑查核。應如所請。從之。

十八年，都察院左都御史魏象樞，疏薦清廉十人。得旨：依議補用。原任知縣張沐陸隴其，係保舉廉能之員。如直隸清苑，江南無錫等縣，稱最繁劇難治，必用之此等地方，庶其才可以表見。

二十年，吏部議覆湖廣道御史房廷楨疏。得旨：漢軍漢人，捐納歲貢，俱不準作正途考選。京官三品以上子弟，既不與考選；總督巡撫子弟，亦不準考選。

又奉諭旨：行取官員，吏部已經引見。其各部主事等漢官，朕尚未知其人。科道爲耳目之司，選擇不可不慎。爾等卽傳諭九卿詹事科道，令各舉所知，將居官清潔，辦事才能者，從公保舉。不可以同年同鄉親黨，徇情私保。卽督撫所舉不當，亦著指陳勿隱。

二十三年，大學士奏遵旨傳諭六部，應補闕差，保舉開送。今六部俱云，若保舉辦事有才及謹愼者，尙有其人。至於操守，知之甚難。上曰：淸操如何可廢？凡貪犯之人，有應坐之罪。如郝浴居官甚好，然猶侵蝕錢糧數萬。魏象樞曾薦郝浴。此等情事，安能預知？朕皆信其淸操而委任之。各衙門官員，或謹愼有守，或生事奔競，豈有不知者？但將有守之人舉出，則被舉者自能効力。尋經九卿詹事科道，舉出吏部郎中蘇赫、范承勳，江南學道趙倫，揚州知府崔華，兗州知府張鵬翮，靈壽知縣陸隴其。上曰：格古德、陸隴其，向聞其居官甚好。今俱各稱善。但從此操守不改，方爲眞實好官。

二十四年，奉諭旨：九卿詹事科道，令其會議會推，本期至公至正，務得其實。今閱九卿會議之事，間或不據實具議，草率苟且，因循而行。有此一次立議爭勝，以冀下次不與相拂而從之者。或有此一次將彼意中之人薦出，冀下次將其親朋薦出以相報者。或有薦其門生者；有薦其同年者；有薦其同鄉親友者。夫九卿會議會推，理宜虛公持論。豈可一二人專擅以行？爾等集滿漢九卿大臣，傳諭申飭之。

又吏部議覆都察院左都御史陳廷敬疏言：督撫保舉薦舉府州縣官，須令第一條，實塡無加派火耗字樣；第二條，實填實心奉行上諭十六條，每月吉聚鄉村鄉約講解字樣。餘條仍照舊例，開具實蹟。應如所請。嗣後督撫保舉薦舉府州縣官員，將此二條添註册內。如保舉不實，別經發覺者，照徇情薦舉卓異例，督撫各降二級調用，申詳之司道等官各降三級調用。從之。

二十八年，奉諭旨：淮安揚州所屬被災地方，甚爲緊要。府州縣員缺，俱著奏聞，選擇補授。

又議準楚粵黔蜀四省中，如黎平茶陵東川平越等界連苗地府州縣員缺，令督撫於本省中，揀選題補。

又吏部議覆刑科給事中陳世安疏言：吏部文選考功二司，向有調取才能之例。夫選司之陞選，有俸册可憑；功司之處分，有則例可考。但得老成廉靜之人，查册籍奉行足矣。請嗣後兩司缺出，止依俸次陞補。若老邁庸劣，不時參處。應如所請。從之。

二十九年，吏部以行取知縣事奏請，奉諭旨：著九卿各以平昔所知學問優良，品行可用者，面同舉奏。尋戶部尚書王騭，舉清苑縣知縣邵嗣堯，清廉慈惠。兵部尚書李天馥，舉三河縣知縣彭鵬，靈壽縣知縣陸隴其，居官有聲。上諭大學士等曰『適九卿列薦，有邵嗣堯陸隴其彭鵬三人，其服官朕所素知，爾漢大學士亦有知者否？』梁清標奏曰『三人允稱廉吏。』徐元文奏曰『以臣所聞，湖廣麻城知縣之趙蒼璧，牧民有聲。聞武昌兵譟時，所在州縣官俱棄城潛去，惟趙蒼璧安撫百姓，修城預備。』上曰『彭鵬、邵嗣堯、陸隴其、趙蒼璧俱準行取。』

二十六年，湖廣道御史朱廷鋐疏言：卓異與行取，同膺異數，嗣後應一例引見。從之。

三十七年，吏部議覆雲南巡撫石文晟疏言雲南省元江開化廣南廣西四府，烟瘴地方，請照粵西南甯等四府保題之例，即於滇省郡縣中，選擇廉能素著，熟悉風土者調補；或於滇省應陞官員內陞授。並照福建臺灣例，三年內稱職，即行陞擢。又鶴慶順甯永昌三府，鄰近蒙番，接連中甸，外逼烏絲藏之地，甚爲緊要。必得壯年勤敏郡守，庶可捍禦統攝，乞揀選賢能補授。五年稱職，亦即陞擢。俱應如所請。嗣後元江四府屬知府以下，知縣以上，準其保題調補。教官雜職，報部調補，免其具題。其鶴慶等府知府缺出，臣部照山陝二省例，奏聞簡補。從之。

又吏部議覆御史荆元實疏言：州縣官有牧民之責，爲任甚重，應如所請，每月掣籤後，令其隨本引見可以居官者，照常令其赴任。有衰邁昏憒者，以原品休致。二十以上輕浮冒昧者，不分漢軍漢人分撥六部各司，辦事三年，仍以原職補用。得旨依議。同知通判，亦著引見。

三十八年，議準世職伯爵以下補用武職例。伯子男參領俱以副將用；伯子男參領，兼都督僉事銜，輕車都尉，火器營參領，俱以參將用；兼參將銜佐領，騎都尉品級等官，俱以游擊用；兼署參將銜雲騎尉品級等官，俱以都司守備用；兼都司僉書銜，護軍校驍騎校，六品七品八品等官，與候補筆帖式執事人員，俱以守備用。

四十一年，奉飭諭：九卿薦舉，毋得保舉同鄉，及現在任省官員。

四十三年，四川巡撫能泰疏言：行取知縣，請停督撫保題。但將無錢糧盜案者，一概行取，引見候用。經吏部議駁。上諭九卿議覆。尋議：嗣後行取知縣，不用保舉；每省限定額數，照部冊較俸行取。從之。

四十四年，吏部議：知縣歷俸三年，卽準考選科道，似覺太速。嗣後應將行取知縣，以各部主事挨班補用，方準考選。至初任之中行評博，亦俟伊等陞任後，始準考選科道。從之。尋又定行取知縣，三年一次，分省定數。直隸、江南、湖廣、陝西各五員。山東、山西、河南、浙江、江西、廣東、四川、福建各三員。廣西、雲南、貴州各一員。行取到日，與各項主事分數補授。自是行取知縣，無緊補臺中者。

五十一年，吏部議覆湖廣道御史徐樹庸疏藩臬與督撫，最爲親近。定例，大計不得薦舉卓異，所以絕夤緣，杜偏聽也。嗣後藩臬缺出，督撫不許坐名題補，聽部通行開列。均應如所請。從之。

五十三年，奉諭旨：尚書趙由喬保舉張應詔，陞補兩淮運使。奏其爲郎中時，能耐貧苦。授知府，不製衣服，隨從數人。爲清官者，不係於貧富。張伯行家道甚饒，任所日用皆取諸其家，隨從四五十人。今以爲不清可乎？爲官之人，一心爲國，卽爲好官。或操守雖清，不能辦事，無論諭旨批駁與部駁之事，積年累月，概不完結。似此清官，亦何裨於國事？

六十一年，奉世宗登極諭曰：『朕維敷政之道，用人爲先。爾諸大臣，皆久蒙皇考知遇，任以股肱。茲値梓宮在上，靈爽式憑，爾等哀感交迫之時，益當各盡忠藎，仰報高深。內而大臣以及聞曹外而督撫以及州縣，或品行端方，或操守清廉，或才具敏練者，爾等各據眞知灼見，從公具摺密奏。朕所需者人才，但當有舉無効，毋得修怨陷害。爾等具摺，或滿字或漢字，各須親寫，不可假手子弟。詞但達意，不在文理字畫之工拙。其不能書寫者，即行面奏。』

雍正元年，上以滿洲進士舉人出身之翰林無陞轉之途，著吏部議。尋議：嗣後翰林院侍讀侍講諭德洗馬國子監司業缺出，將由庶吉士授職編檢之翰林，論俸推陞一員；將由進士舉人出身之中允陞補一員。講讀學士少詹庶子等缺出，將現任之講讀諭洗司業，推陞一員之後，將進士舉人出身之科道等官陞補一員。從之。

又奉諭旨：從來用人之道，必兼聽並觀，疇咨博採，方能允當而無失。朕於選用人員，勤加諮訪，正以朕一人之耳目有限，不若合爾諸臣之見聞，始無遺漏也。乃爾等僉云未能深知，互相推諉。夫百職在廷，四方具集。同鄉親故，豈無所聞？其賢者，即小善亦應稱舉。不肖者，即小惡無容隱匿。若知其賢而不言，是謂蔽賢。知其不肖而不言，是謂黨惡。即如月選官內，有劉尙儉者，係四川夔州府參革貪酷知府劉天觀之子。其父剋剝民膏，爲伊子捐職，罪莫大焉。如此之人，豈可錄用？在廷豈無一人知之者？乃俱緘默不言！以此推之，可見知而不言者甚多。爾等之意，惟恐結怨於朋友，不若徇情容隱，雖誤朕選用之事而不顧，貽害於地方而不恤。試思得罪於朋友，與見棄於君父，孰重孰輕？全一人與貽害地方，孰大孰小？即所舉之人，爲賢爲不肖，朕不過於引見時借以參酌，並非責爾等保其終身無過，致貽日後之累，何必過慮乎？嗣後務宜痛改積習，苟有見聞，即從實舉出。進賢勿避嫌，退不肖勿避怨。朕生平惟以眞誠待人，爾等亦當以至誠報朕。倘其各抒忠悃，勿負推心置腹之至意。

二年，吏部議覆雲貴總督高其倬疏言彌勒州人烟漸稠，嵐瘴漸息，請停調補例。開化廣西二府，瘴雖漸減，而地居極邊。又祿勸州新平縣地方緊要。請將知府同知通判州縣等官，俱照例調補五年報滿。如無合例之員，請旨揀選補用。其廣西府屬之五槽地方，去府治甚遠，請以該府通判分防彈壓。俱應如所請。從之。

又刑部奉諭旨：刑名案件，最爲緊要。朕所賴者，諸大臣之贊襄。諸大臣所賴以辦事者，各司之盡職。是以每司必得一二實心辦事才能之員，方有裨益。朕思翰林院滿漢編修檢討庶吉士，俱係進士出身。伊等卽未必素諳律例，亦必不難於練習。爾等於滿漢編修檢討庶吉士內揀選，或有情願在刑部學習辦事者，或有爲爾等所知者，共揀二三十員帶領引見，分在各司學習辦事。如有辦事明白，實心効力者，酌量題補。

三年奉諭旨：科道外轉，向係降用，是以令其將科道原銜，帶於新任。前御史陳時夏越分奏事，今河南管河道給事中陳世倕，工程掣肘，他省所用道員，倚恃科道職銜，違抗上司，亦未可定。除新用許容，柯喬年，陸錫書三人，仍帶科道職銜外，其餘兼科道銜之各省道員，各該督撫，問明情願不加科道銜，在道員効力者，留任；其有不願在道員者，仍調回原任。

又大學士等奉諭旨：應開科道人員，俱係科甲出身。再考文字，亦屬無益。今次著於翰林各部院衙門，應行開列人員內，令各堂官薦舉科道職司言路，務擇忠誠爲國，直言無隱者，方爲稱職。如錢廷獻之徒，務虛名，劉燦之挾仇爲己，崔致遠之抗違狂妄，此數人皆但知有身，而不顧朝廷。如此存私之人，斷不宜於言責。今次薦舉人員內，若有此等行爲，必將原保舉之人，一併究問。

五年，奉諭旨：治天下之道，在於用人。今日刑部堂官塞爾圖等保舉筆帖式一人，陞補主事。朕問其在部辦事幾年，則對曰三月。又問所以保舉之由，則曰因伊坐臺十二年，是以舉之。朕令內外各衙門遴選人員者，原期官得其人，人稱其職，使吏治民生，均收實效也。況刑部爲民命所關，朕尤加意愼重，惟恐用人不當，使刑罰偶失其平，干天和而枉國法。乃舉朝所共知者。塞爾圖等，以朝廷量能授職之人，視爲用情市恩之地，此不過身受者一人感激而已。而欲有益於國家之事，生衆人鼓勵之心，豈可得乎？朕治天下，用賞用罰，悉秉至公。塞爾圖等身爲大臣，乃庶官之表率，今存卑鄙狹小之見，既欲市賣私恩，則必迴避嫌怨。似此私心自用，卽作威作福之所由也。此風斷不可長。是以特行宣諭，令內外臣工，咸以爲戒。

六年，鑲黃旗蒙古副都統宗室滿珠錫禮奏言：京營武弁等員，參將以下，千總以上，應參用滿洲，不宜專用漢人。得旨：從來爲治之道，在開城布公，遐邇一體。若因滿漢存分別之見，則是有意猜疑，互相膜視，豈可以爲治乎？天之生人，滿漢一理。其才質不齊，有善有不善者，人情之常。用人惟當辨其可否，不當論其爲滿爲漢也。自我太祖高皇帝開國之初，卽將滿漢兼用。

是以規模宏遠，中外歸心。蓋漢人中固有不可用之人，而可用者亦多。如三藩變亂之際，漢人中能奮勇効力以及捐軀殉節者，正不乏人。豈可謂漢人不當用乎？滿洲中固有可用之人，而不可用者亦多。如貪贓壞法，罔上行私之輩，豈可因其爲滿洲而用之乎？且滿洲人數本少。今將中外緊要之缺，補用已足辦理。若參將以下之員弁，悉將滿洲補用，則人數不敷，勢必有員缺而無補授之人。朕臨御以來，以四海爲一家，萬物爲一體。於用人之際，必期有濟於國計民生，故凡秉公持正，實心辦事者，雖疏遠之人而必用。有徇私利己，壞法亂政者，雖親近之人而必黜。總無分別滿漢之見。中外諸臣皆宜深體朕懷，同寅協恭，股肱手足，交相爲濟。則國家深有倚賴，久安長治之道，必由於此也。

又吏部奉諭旨：著京官大學士以下，主事以上之滿洲漢軍漢人，外官督撫以下，知縣以上之滿洲漢軍漢人，每員各舉一人。除現任知縣以上官員，不必保舉外，或係舉貢生監，或係山林隱逸，果有品行才猷，可備任使者，卽親戚子弟，亦不必引避嫌疑，據實保舉。至外官所轄之見任佐貳雜職等屬員，亦准其保薦。朕從政務需人起見，開誠布公，以期集思廣益。內外大小臣工等共受國恩，時懷報効，自應秉公據實，以展臣子之心。必無徇私冒濫，以自蹈欺罔者。倘或舉非其人，將來覺察，或試用不稱，責有攸歸。勉之勉之！

七年，奉諭旨：外任督撫藩臬，爲全省之表率，關係甚重。每當簡用之時，常以一時不得其人，深勞念慮。凡內外大臣，受國家厚恩，均當留意於平時，秉公奏薦，盡以人事君之道。京官自學士以下，侍郎以上，外官自藩臬以上，著各密保一人。將其人可勝督撫之任，或可勝藩臬之任，據實奏明。不必拘定滿漢，亦不限定資格。卽府縣等官階尚遠者，果有眞知灼見，信其可任封疆大僚，亦準列於薦牘之內。若一時無深知可舉之人，準其從容採訪。不得草率塞責，有負諮詢。

又內閣奉諭旨：向來有司官補授之時，迴避本省。蓋因地方密邇，恐其中有嫌疑牽制等弊也。朕思江南之上江下江，湖廣之湖北湖南，陝西之西安甘肅，雖同在一省中，而幅員遼闊，相距甚遠。定制，各設巡撫司道以統轄之。其情形原與隔省無異。則官員選補，不過有同省之名，並無嫌疑牽制之處。況既係同省，則於彼處人情土俗，較他省之人更爲熟悉，未必不於地方有所裨益。嗣後凡江蘇安徽湖北湖南陝西甘肅諸處府州縣以下官員得本省之缺，不在本籍巡撫統轄之內者，不必令其迴避。其相隔在五百里之內者，仍照隔省迴避之例一體遵行。

十年，奉諭旨：山東地方，戶口繁多。現在辦事，若得本省人員前往，更爲妥協。朕思在京居官，及赴部候補者必多。伊等熟悉土風，必能實心辦事。著大學士等於此項人員內，揀選一二十員奏聞，令往山東。每人酌賞銀兩以爲路費，俾其星速起程。

乾隆三年，奉諭旨：國家宣猷敷政，首重得人。而以人事君，公爾忘私者，乃人臣之大義。況身列九卿，受恩深重。彼徇情妄舉者，固不足言。而視爲具文，苟且塞責者，亦大虧薦賢爲國之道也。昔我皇祖皇考，延攬羣材，常降九卿保舉之旨。其濫舉非人，劣蹟敗露者，每加嚴譴以示懲儆。朕臨御以來，亦間有所諮訪，冀收得人之益。目今各省督撫，皆出朕心斟酌簡用。其藩臬二司，陸續調來引見，亦知其大概。至於道府等官，乃方面大員，職任緊要，目前爲州縣之表率，將來卽可遞進於兩司。所當留意於平日，以備擢用於臨時者。著九卿將可爲道府之人，各舉所知，秉公舉出一二人，或二三人，用露章啓奏，不必密封。大凡論人之道，才品兼長，固屬甚善。但二者不可得兼，若才勝於品，雖一時塗飾可觀，而心志不誠，根本不固，將來蕩檢踰閑，必至難於駕馭。若品勝於才，雖一時肆應不足，而心術端方，操守廉潔，將來擴充歷練，必能不愧循良。九卿既受國恩，又奉朕旨特行詢問，其所舉之員，將來除因公詿誤情有可原者，不將保舉官處分外；若以劣款被參，審實治罪，定將保官照濫舉非人例處分，不稍寬貸。

又奉諭旨：守令爲親民之官，最關緊要，而邊疆之地，民夷雜處，撫綏化導，職任尤重。查雲貴諸苗，向在王化之外，爲害於地方。近來改土設流，漸次安輯，然瘡痍初起，元氣未復，必得循良之員，恩信兼著，調劑咸宜者，令其心志帖服，然後可以久安於無事。近時督撫於苗疆重地，多擇能員以資彈壓，殊不知矜才喜事之輩，飾文貌以欺耳目，圖聲譽以求陞遷，非有實心實政，以爲撫綏化導之本，究於苗疆無所裨補。夫苗夷雖極頑悍，然亦具有人心，非不可至誠感動者。果得廉靜樸實之有司，視同赤子，勤加撫恤；使之各長其妻孥，安其田里，俯仰優游，一無擾累，諒無有不可以革面革心者。嗣後遇有苗疆要缺，應令督撫愼選賢員以居其任。三年之後，察其漢夷相安羣情愛戴者，保題陞擢，以示優獎。其有恃才貪功者，雖有才幹，不得輕狂以滋事端。

五年，奉諭旨：從來爲治之道，貴在得人。故書美闢門籲俊之風，易著拔茅連茹之盛。詩曰『濟之多士。』禮曰，『或以德進，或以事舉，或以言揚。』蓋自古郅隆之世，君若臣所以加意於興賢育才者，固如此其切也。朕臨御以來，時以得人爲念。不憚再三諮訪，而所謂出衆之才，足以慰側席之求者，則未嘗概見。昔在皇祖時，如湯斌陸隴其輩，學術純正，言行相符。陳璸彭鵬輩，操守淸廉，治行卓越。此數人者，允爲一時之望，至今稱之。夫以天下之大，人才之衆，豈無有與此數人頡頏者？旁招俊乂，朕心惟殷。舉爾所知，廷臣是賴。況大學士九卿等，受國家股肱耳目之寄，自當留意於平時，盡以人事君之義。其有眞知灼見者，秉公舉出，以備朕採擇焉。

七年，奉諭旨：朝廷定有行取一途，原欲州縣內陞，使知部務，部屬外用，使知民情。且此等人，拔置言路，亦能通達事體，有所獻納。近來因行取人員陞補無期，令其在任候陞，於單月補用主事。究之缺少人多，得用部屬者，甚屬寥寥。自應酌量疏通。其見在由行取在部之司官，著該堂官秉公保舉，候朕分別簡用。至從前行取人員內，大率拘謹守分之人多，而明通幹濟之才少。蓋由該督撫止照例將無參罰者咨送，即有揀選保舉者，亦不過以該省次等州縣塞責。甚非國家立法之本意。嗣後各省督撫，當行取時務將有守有爲聲名卓越者舉出。其有因公參罰者，亦准其入選，以收得人之效。

八年，敕大學士於編修檢討人員內，有能勝知府之任者，保舉引見。

又監察御史李清芳奏選用御史，應命吏部將各例人員奏請考試引見，不得專從保舉。得旨允行。

九年，奉諭旨：向例，官員告終養者，俟養親事畢，方得補用。但旗人回京，與漢人回籍者不同。或在旗在部，皆可補用，以備驅策。永泰到京，著該處帶領引見請旨。嗣後旗員告終養者，悉照此例行。

十二年，奉諭旨：從來親民莫切於縣令，而知府表率一郡，職任尤重。欲望其政平訟理，易俗移風，非久於其任不可。漢宣帝詔曰，『太守吏民之本也，數改易則下不安，民知其將久，不可欺罔，乃服從其教化。』誠至言也。朕臨御以來，念保安元元，守令最要。曾向直省督撫，屢降諭旨。但未定有成例，俾得遵循，是以未見實效。卽如州縣中才具稍優者，或奏請調繁，或題補陞用。知府則薦擢監司。在督撫爲官擇人，練達之員，試有成效，駕輕就熟，自較初任爲可觀。究之缺有繁簡，職守則一。繁地固需能員，簡邑獨無民人社稷之寄乎？知府賢則屬縣各修其職。監司體制雖隆，而所職不過分巡轉核。或專司鹽糧，轉不若知府之責有專成，與屬縣較爲親切。今以能勝繁劇之知府，擢任監司，反若置之閒地，不得盡展才猷。且此題陞題調，不過幹辦敏捷，一時見長，未必皆古所謂悃愊無華，日計不足，月計有餘，循良之選也。卽果係循卓，人地相宜，而此地得一良吏，卽彼地失一良牧。孰非赤子，孰不當善爲撫字，而顧數數更易乎？況能員旣得優加陞擢，則熱中躁進之員，惟是逢迎上司，要結取譽，以祈速化，又安望其留心實政，盡父母斯民之道也？但榮進之念，人情不免，若非定有成規，示以獎勵，則歲月淹久，必致自隳志氣。而吏民無識，亦謂其不爲上司所物色，或啓疲玩之習，不足以鼓舞人才，振起治術。漢時，守令治行優異，輒以璽書褒勉，增秩賜金，寵以車服，有爵至關內侯者。兩漢循良，冠越唐宋。今或仿其意而行之。守令實能爲地方興起教化，勸課農桑，興利除弊，發奸摘伏，阜安閭里者，定以年限，或予以紀錄，或加級，或加銜，食俸仍留原任。在恬靜自守者，既得從容展布以收績效。卽躁進之人，亦知格於成例，不致視一官爲傳舍，並可潛消奔競漏習。於吏治人心，不無裨益。嗣後直省守令，除特旨擢用，暨該地方情形，不得不奏請調用者，許其酌量聲明保奏外；其如何酌定年限，示以優敍，俾可久於其任，下大學士九卿議行。尋議：嗣後應題缺出，必本任內歷俸五年以上，方准揀選題調。如此則守令自知歷俸有年，方能題調，不致粉飾目前，希圖躁進。而本任之事，可以實心實力，從容展布。日積月累，官與民相習相安矣。然寬其歲月，固得收報最於循良；而罔示旌揚，又無以樹風聲於有位。詢如聖諭，賢能守令，宜加優敍以示鼓勵。並請嗣後知府直隸州知州府屬知州知縣，應令該督撫，每於年底，細加訪察。將曾經陞調各員，在任又滿三年，才守兼優，政績卓著，保題到部。知府，加副使道銜；直隸州知州，加知府銜；知州加同知銜；知縣加通判銜；註冊。遇有應陞缺出，准其卽行題陞。

十四年，奉諭旨：各部侍郎，職貳六卿。必須預選勝任之員，以備臨時簡用。經前曾降旨，令大學士尚書各舉所知，密行保奏。朕思登明選公，何以密爲？著滿漢大學士尚書，再將能勝侍郎，及三品京堂人員；侍郎等將能勝三品京堂人員，均各舉一二人。不必過拘資格。務須克知灼見，毋濫毋隱。

又奉諭旨：從前降旨，令各省督撫提督，於所屬副將內，保舉堪勝總兵之員。經各督撫等陸續保奏，朕調來引見，人皆平常，並無傑出之才。朕於其中簡擢數員，亦祇將就錄用。總兵爲將領之統率，必須才具出衆，乃能勝任。今遇有缺出，一時難得其人。著該督撫提督等，再於所屬副將內，擇其實在堪勝總兵者，各保二三人。倘副將內乏人，卽於參將內揀選，亦可。該督等不得以中平之人，濫膺玆選。亦不得因朕有此旨，遂委之無人，以圖規避。務須實心遴擇，據實保舉，具摺奏聞，送部引見，俟朕酌量簡用。

十六年，奉諭旨：向例，直省知縣，三年行取一次，吏部按期奏請。康熙雍正年間，少舉多停。當朕臨御之初，臣工中有援引成規者。朕以舊制可循，飭部議覆。旋經准行。由今觀之，此特相仍故套，而於吏治人才，毫無裨益，所當允行停止。蓋此制始於前明，其時專重資格，按俸遷轉，不得不以部用一途，疏通壅滯；而亦銓部漁利之一途也。今則直省州縣，定缺陞調，其途甚廣。凡有才能傑出之員，督撫無不保題擢用。常有要缺懸待，一時不得合例之人，而越格奏請者。在此時之州縣，實無壅滯之歎。督撫於地方能員，亦無不欲其駕輕就熟，收指臂之功。遇有隔省陞調，往往為之懇切奏留，未肯令其遽離原任。且繁劇之任，參罰必多。凡所謂無事故合行取之例者，大率庸流居中簡之缺，尋常供職，幸免處分者耳。即以銓補部曹，多屬迂疏潦倒，了無出色。在該部又無得力之處。況縣令身膺民社，百里之寄，任既非輕，才亦可展。使其果屬賢員，方議令久任以責成效。而部曹分局一司，遇事簡之缺，無所表見，長才處此，轉覺用違其才。若謂司員，當由邑令陞用，深知民生利弊，於部務有益，此又不然。部務責成，自有尚書侍郎。夫尚書侍郎，亦惟視其才識勝任否耳。何必曾任邑令，方知民生利弊？豈非所謂『學養子而後嫁者』耶？若必待行取之人，歷多年，方授以總理部務之任，此尤事勢所難行。試觀我朝九卿，無論滿員，即漢大臣中多由翰院陞用。起家縣令者幾何人？外而督撫，起家縣令者又幾何人？可指數而知其為拘墟之論矣。此實向來沿襲具文，揆之當今之務，亟須改絃，無庸守轍。所有直省知縣，三年行取一次之處，著永行停止。至科道近列臺垣，優絀尤爲易見，自可不時擢用。而定例內陞外轉，給事中則一年一次，御史則一年兩次。每逢奏請時，自康熙雍正年間以至今日，亦率降旨停止者多。每年徒增此題奏繁文，於治理亦復無益。嗣後內陞外轉，著三年舉行一次。著爲例。

十八年，奉諭旨：前經降旨，令各省督撫，將同知直隸州知州能勝知府之任者，秉公保薦，奏聞引見。據該督撫前後奏到摺內，往往有保舉一人塞責者。此特慮將來濫舉之咎，自爲地耳。如「薦賢爲國」之義何？或因前旨有在任三年一語，難得合例人員，今不妨稍寬其途。從前皇考時，遇才猷傑出之員，竟有由知縣逾格陞用知府者。其令各督撫，再通行保舉一次。如同知直隸州內，果有可勝知府等，不妨不拘年限。設又不得其人，即於所屬知州知縣內，擇其才猷出衆能勝知府之任者，據實秉公保舉，送部引見，以廣儲用。

二十一年，吏部議覆山東巡撫白鍾山所奏，曲阜縣知縣，改爲題缺一本。得旨：闕里爲毓聖之鄉，自唐宋以來，率以聖裔領縣事。甚至因緣爲奸，簠簋不飭者有之。且亦非古人易地而官之道。我國家尊崇先聖，遠邁前朝；延恩後葉，有加無已。豈於此而有靳焉？但與其循舊制而致褻官，有乖政體；何如變通宜民，俾吏舉其職，民安其治？於邑中黎庶，孔氏族人，均有裨益。著照該部所議行。其見任世職知縣，既已謝事，若歸部改銓，不過恩及其身而止，於朕心猶有未慊。著加恩授爲世襲六品官，仍令揀選充補，用副重道崇儒至意。

三十年，奉諭旨：舉人選用知縣，需次動至三十餘年。經久愈多，隨成壅積。而不知者或歸咎於捐班之占缺。因復核計捐班所選，每歲亦不過三四十人。縱令盡予舉班，仍屬無幾。見在捐例已停，自可無虞占缺，即或將來再議開捐，其知縣一條，不必載入捐款。至向來吏部截取舉人，例由各省督撫咨送，往往意存姑息，不加甄別。及至部選得缺，經九卿驗看，始以衰庸改補教職。是督撫徒欲博寬厚之名，使此等衰邁之人，僕僕道途，終歸無益。所謂愛之，實害之也。嗣後各省督撫，於舉人截取領文時，留心驗看。如果實在精力已衰，難膺民社者，或該員情願就教，即於本省呈改，以省跋涉之勞。其有自揣耄齡，不願就銓者，並令彙冊咨部，請旨酌給職銜，以慰其寒窗積學之志。明歲丙戌春闈，各省舉人雲集，當於會榜後，特派大臣分別揀選引見。量其年力才具及時錄用。其有科分已深，非因丁憂事故，自分年老才庸，不願赴京會試者，亦聽其自便。其作何給予職銜，如何挑選錄用，及選班中更有如何可以疏通之處，著大學士九卿，會同評議以聞。副朕體恤寒畯，及時登進羣才至意。尋議：嗣後截取舉人，令各督撫秉公據實驗看。其堪膺民社者，赴部候選。如果精力已衰，情願就教者，准其在本省呈改教職。至年在七十以上，衰邁尤甚，自問不堪供職者，免其調取驗看。督撫核實查明，開列姓名年歲，造册具題，恭候恩旨賞給職銜。此等舉人已經揀選，原係候選知縣，應請從優，將小京官品級相當之中書科中書，大理寺評事，太常寺博士，三項職銜，由吏部分别掣定，奏明請旨給予。伊等仰邀曠典，得以京銜榮身。

三十五年，諭：御史蔣曰綸奏請禁督撫指名揀發人員一摺，所奏頗爲近理。督撫等差委需人，既經奏請揀發，則揀發之人，儘可供其隨材委用。何必於候補人員內，指名請揀？況伊等是否在京，督撫何由預知？形迹之間，易招物議。日久且恐漸滋流弊。嗣後各省督撫請揀人員，不得於摺內指名附請。

又諭：吏部將高晉奏請改教之陽湖縣知縣鄧世讓，帶領引見。看其人甚平庸，實應改教。及檢閱該員履歷，從前係由教職保舉堪膺民社，是以補授縣缺。此與別項由知縣改教職者不同。人之心術操守，雖不易知，然量其材質，可否試以民社，督撫等稍能留心察看，不難立辨。何至一人之身，前後判然，竟至如出兩人之理？總由該上司，並未實心甄覈，徒以姑息示恩，虛應故事，不惜貽誤地方所致。倘不將原舉之人，加以處分，誰復知所懲儆？嗣後由教職六年俸滿，保舉知縣人員內，如有復行改教者，即將原保之督撫學政等，一併議處。著該部定例具奏。其從前保舉鄧世讓之督撫學政等，並著查明，即照新例行。尋議：嗣後由教職俸滿，保舉知縣，復請改教者，將原保舉之督撫學政，照保薦不實例，降二級調用。申詳之司道府州縣等官，降三級調用。加級紀錄，不准抵銷。從之。

三十六年，定各衙門小京官保送同知通判例。吏部議：太常寺卿謝溶生奏，贊禮郎讀祝官，由監生官學生出身，保送撫民同知通判，請照親軍校出身保送理事同知通判例，俱歷俸三年，經京察一等，方准保送。請嗣後讀祝官贊禮郎鳴贊，及各衙門小京官，凡遇咨請撫民同知通判時，該堂官於京察一等人員，先儘保送。此外實有能識文義，辦事明白之員，歷俸在三年以上者，不拘等第，一體保送。甯缺毋濫。從之。

三十八年，改設巴里坤府州縣各官。大學士九卿會議，巴里坤遵旨改爲鎮西府，宜禾縣；烏嚕木齊改爲迪化州，俱係邊遠緊要滿缺。令該督撫，於陝甘兩省滿員內，揀選調補。其安西一府，地近嘉峪關，較巴里坤更居內地，應改爲安西直隸州，並州同州判等官，俱定爲邊缺，於內地對品調補。五年俸滿，以應陞之缺卽用。從之。

定翰林考選御史例。御史唐淮奏，考選御史，所有翰林院編修檢討，均俟散館授職後，歷俸已滿三年，方准保送。從之。

又諭：俟後八旗陞選官員，如實係親老，不能遠離者，得缺後准其呈報。該部聲明緣由，帶領引見，候朕臨時酌量，或以旗員，或以部缺改用，自無不可。俟該員養親事畢，仍照伊原得之缺坐補。其預爲地步，巧行規避之例，永著停止。著爲令。

三十九年，福建巡撫余文儀，學政汪新會題：請將閩省泉州府屬之晉江，安溪，同安，及漳州府屬之龍溪漳浦平和詔安七縣學教職，照知縣繁缺，分別調補。從之。

四十年，陝西布政使富綱奏：請定直隸州員缺，不准於所屬知縣內題補。得旨允行。

四十二年諭：兵部奏請陝西西鳳協副將伸泰母老終養一摺。旗員向無終養之例。我滿洲從來淳樸之習，但知尊君効力，家計有所不顧。卽外任有因親老，情願回旗者，原不妨據實呈明該上司，回京當差，候朕酌用京職。若照綠營終養之例，回京閒住，轉屬非是。而其人不得俸祿，亦必致艱窘。如因該員養親事畢，仍得外用，則旗人更不應如此存心計圖便宜。伊等外用，原係朕特恩。豈可因此希圖戀職？設使奉派出差出兵，伊等亦得因親老呈請終養乎？所有嗣後旗人終養之例，著停止。其有親老情願回京者，准其具呈督撫，奏明送部引見。文員以部屬用，武員或用侍衞，或用旗職。候朕酌量降旨。伸泰卽照此例行。

四十三年諭：在京各部院堂司等官，雖非外任上司屬員可比，亦有管轄考核之責。而外姻親屬中如翁婿甥舅之類，戚誼最爲親近。向例概不迴避，究未妥協。著該部另行定議具奏。尋議得：嗣後京官外姻親屬中母之父及兄弟，妻之父及兄弟，已之女婿嫡甥，若在同衙門，令官小者迴避。其同衙同官者，令後進者迴避。從之。

四十五年，停員外郎俸滿截取。吏部言：前因郎中不敷陞用，於乾隆三十三年十一月，奏請將員外郎二年俸滿截取知府。現查各部郎中截取者已不乏人，所有員外俸滿截取之例，應請停止。從之。

又諭：嗣後各邊省烟瘴苗疆，歷俸未滿，離任各漢員，除告病終養，仍照舊例坐補外；其丁憂服闋各員，著歸入起後應補班內，由部照例銓補，所有仍發原省，著交該督撫酌量題補之例，著停止。

又諭：向來各部院司員，保送三庫稅差錢局糧廳等項，每有將曾經得差之人員，未隔數年，復行保送者。不知在京滿漢司員人數本多，此等數項較優之差，自應令其均沾普及。若出差未久，復予保送，則從未得差者，未免向隅。嗣後保送此等差使之員，其已經派過者，著以十年後方准再送。如堂官等違例，朦混保送，經朕查出及被人參奏者；即照徇庇例議處。著爲令。

又諭：向來各部院司員，陞調別處者，有准留原衙門行走之例，固爲熟練事務起見。但部院人材不乏，斷無少此一二人，即不能辦事之理。所有現在各部院奏留人員，俱不准仍前行走。至刑部爲刑名總匯，必得諳悉律例之員；理藩院有外藩事件，必係蒙古旗員，能習蒙古文語者。奏留之例，尙屬可行。然亦必帶領引見，候朕欽定，方可准其仍前行走。著爲令。

五十年，湖南巡撫陸燿疏稱：定例，官員父母年七十以上，家無以次成丁；或年至八十，雖家有次丁，俱准呈請終養。至人子出仕有年，其父母先已迎養在署，自可朝夕承歡，公私兼盡。若父母初未隨任，在外者不肯言歸，在家者轉求出仕，於名教大有關係。查有試用知州李永埰，據稱伊父年已八十，止有子姪侍奉。又試用知縣胡宗定，嫡母在家，現年亦八十。該二員俱例應呈請終養。今在省候補，正需時日，乃皆背棄老親，遠來待缺。雖其年力均可委用，然方今人才甚多，並不少此兩人。即候終養事竣，再出報效，亦未爲遲。臣爲風俗人心起見，現在勒令回籍終養，並通查所屬，如有例應告歸之員，即令呈請歸籍侍養。請敕下各直省督撫，不論現任及試用人員，凡親年八十以上，及獨子之親年過七十以上者，通飭自行呈明，聽其終養。似於皇上孝治天下之至意，不無小補。得旨：所奏是。該部如議行。嗣後吏部議奏：地方正佐各官，父母年老先已迎養在署者，准該員呈明，祇停其陞轉，不必概令離任回籍。奉旨依議。

又兵部奏：向來武職丁憂，雖有副將以上回籍守制，參將以下在任守制之別，而親老改補近省及呈請終養，俱係與文職一體辦理。今文職親年八十以上及獨子之親年七十以上者，既應呈明終養，武職亦未敢兩歧。應請自千總以下，多係本省人員，仍遵照舊例外；其守備以上，亦照陸燿所奏辦理。奉旨：兵部具奏武職守備以上各官，親年凡八十以上及獨子之親年七十以上者，應否照陸燿所奏，呈請終養一摺。文武雖無歧視，而職任各有不同。文職以教孝爲先，武職則以敎忠爲重。是古人於兵革之事，不妨奪情，而武職當出兵打仗時，雖遇私艱，仍在軍營宣力，情形又殊，原不必與文職官員一體辦理也。嗣後應丁艱之副將以上，著照文職一例行。其參將以下，如有因親老呈請終養者，仍照舊辦理。其餘親老者，不必概令離任回籍。

又諭：前據何裕城奏，請將丁憂知縣王垂紀留辦西安城工一摺，已批所奏不可行。並諭該撫，卽飭該員回籍守制。昨又據富綱奏，請以丁憂雲州知州宋昌琤，接辦甯臺廠務，亦批不必。令另選合例之人具奏矣奪情起復，非所以教孝敦倫。惟於軍旅之事，偶一行之。若地方偶有不靖，如撒拉爾逆回等事，軍務緊要，其承辦軍需之各州縣，設遇丁憂，該督撫自不妨奏請，權令在任守制。至城工廠銅，非軍務可比。有何必須一人始終經理，而爲此破例之舉？設遇其人病故，又將如何？豈必起死回生，而後可不致乏員辦事耶？大抵該督撫之爲此奏，非徇情市恩，卽係該員干求請託，並非專爲地方政務起見。徒令此等在任守制之員，坐擁廉俸，戀職忘親。轉藉王事羈留，不得稍盡人子之禮，資爲口實。於官方政化，俱有關係。著通飭各省督撫，嗣後非遇軍務，不得以丁憂人員奏請留任。著爲令。

八　辟舉

按漢初，諸王列侯之國，惟相命於天子。其御史大夫以下，皆自置。至州郡別駕長史，以及掾吏，皆刺史太守自辟。是猶沿襲三代封建時，諸侯薦人於天子，二卿命於天子，一卿命於其君之制，不知既舉封建而郡縣之，又使其長得自辟僚屬，不惟啓大權旁落之漸，亦殊非官方畫一之規。清代無辟舉之令。一命以上，皆歸於吏部。或外省督撫陛辭之日，自請攜帶人員隨往委用。嗣卽停止。世宗許督撫保舉幕賓，限年奏請錄用，亦不數行。至於保舉堪任言職，及經學人員，皆分別補用。其白首窮經，癃老不能至都者，並蒙異數，給與職銜。附辟舉卷內，以備清代之掌故云。

順治二年，詔舉秦中山林隱逸，並錄用故明文武進士舉人。十二年，科臣朱徽，奏請飭督撫，無論前代遺紳，與山林隱逸，果有才堪理民，學足輔世者，覈實具奏。該部覆覈，卽加擢用。其不願仕者，亦准以原官休致。庶四方向風，人才輩出。下所司議行。

十七年，四川道御史楊素蘊奏言：臣閱邸報，見平西王吳三桂，恭請陞補方面一疏，以副使胡允等十員，俱擬陞雲南各道，幷奉差部曹，亦在其內。臣不勝駭異。夫用人國家之大權，惟朝廷得主之。從古至今，未有易也。卽前此經略用人，奉有吏兵二部不得掣肘之旨，亦惟以軍前効用各官，或五省中人地相宜，資俸應得者，酌量具題。從未聞以別省不相干涉之處，及見任京官，公然坐缺定銜，如該藩今日者也。且該藩疏稱，求於滇省，既苦索駿之無良；求於遠方，又恐叱馭之不速。即如所言湖南蜀省，去滇稍近，猶可計日受事。若京師山東江南等處，距滇省萬里，不知所謂遠更何在也。況該藩用人，皇上所以特假便宜者，不過欲就近調補，無誤地方耳。若盡天下之官，不分內外，不論遠近，皆可擇而取之，則何如歸其權於吏部，照常銓授，尤爲名正言順也。卽雲貴新經開闢，料理乏人，諸臣才品爲該藩所知，亦宜先行具題奉旨俞允，然後令吏部照缺銓補，猶不失權宜之中計。乃徑行擬用，無異銓曹，不亦輕名器而褻國體乎？夫古來人臣忠邪之分，其故莫不起於一念之放肆。在該藩敭歷有年，應知大體。卽從封疆起見，未必別有深心。然防微杜漸，當愼於幾先。伏乞天語申飭，令該藩嗣後惟力圖進取，加意綏輯。一切威福大權，俱宜稟命朝廷，則君恩臣誼，兩得之矣。疏入，報聞。

康熙十九年，雲南巡撫伊闢奏：請將隨行人員坐名題補。上諭大學士等曰：『此等坐名隨行人員，果堪用者，亦復何害。乃一時倉卒奏請，往往不能盡當。如知府知縣等官，俱將此輩補授，徒誤地方。此後坐名題補各員，概爲停止。吏部仍照例銓補。』

雍正元年，吏部奉諭旨：各省督撫衙門事繁，非一手一足所能辦，勢必延請幕賓相助，其來久矣。但幕賓賢否不等。每有不肖之徒，勾通內外，肆行作弊。黜陟屬員，則清濁混淆。申理訟獄，則曲直倒置。敗督撫之清操，誤督撫之功名，彼則置身事外，飽槖而去，殊屬可恨。夫今之幕賓，卽古之記室參謀。凡節度觀察等使，赴任之時，皆徵辟幕僚。功績果著，卽拜表薦引。彼愛惜功名，自不敢任意苟且。嗣後督撫所延幕客，須擇歷練老成，深信不疑之人，將姓名具奏。如効力有年，果稱厥職，行文咨部議敍，授之職位，以示砥礪。該部詳議具奏。尋議：各省督撫，應將幕客姓名，造册報部。勤愼無過者，照應得職銜卽用。無職銜者，量給職銜。特疏舉薦者，從優議敍。如徇私保舉，照循庇例議處。從之。

六年，內閣奉諭旨：向來督撫赴任之時，有奏請將平日所知人員帶往以備委用。朕因督撫事務甚繁，欲得素所知悉之人以收臂指之效，事屬可行。是以允從所請，令其帶往、酌量題補。近聞督撫等帶往人員在地方不甚相宜，或羣相趨奉而指爲上司之腹心，或妄生議論而以爲上官之偏袒。其中弊端日生，以致流言不少。朕思所帶之二三人，其得力者有限，而阻衆人効力之心。且督撫等果公正清廉，善於察吏，則闔屬中豈無有廉幹之員，可相信以心，相資爲理者？何必帶往之一二人是賴，而啓衆口之擬議乎？除已經到任之後，因本地要缺，奉旨題補，不必解任外，如楊文乾、陳時夏、莽鵠立及各省督撫大吏從前所請帶往之人，目今見在屬下者，俱著回京請旨另用。

乾隆元年奉諭旨：尚書楊名時奏，薦進士莊亨陽，舉人潘永季、蔡德峻、秦蕙田、吳。 拔貢生官獻瑤、監生夏宗瀾等七人，皆留心經學，可備錄用。楊名時見管國子監事務，所薦莊亨陽等七人，著該部調來引見，爲該監屬員，聽楊名時等分委辦事，以收成均課士之益。

七年奉諭旨：古者諫無專官，故進言之路廣。三代而下，始設官而責之以言。然如馬周、陽城之起布衣而爲御史，其事猶可風也。茲特降諭旨，著大學士九卿，擇其素所深知其人有骨鯁之氣，直樸之風，而復明通內外政治者，不拘資格，列名封奏。朕將量加錄用焉。其外而督撫，於各屬員中有深知灼見，可備糾繩之任者，亦准列封奏。

十六年選舉經學人員。先是，乾隆十四年，奉諭旨：聖賢之行，本也；文，末也。而文之中，經術，其根抵也；詞章，其枝葉也。翰林以文學侍從，近年來因朕每試以詩賦，頗致力於詞章。而求其沈酣六籍，含英咀華，究經訓之閫奥者，不少概見。豈篤志正學者鮮歟？抑有其人而未之聞歟？夫窮經不如敦行，然知務本，則於躬行爲近。崇尚經術，良有關於世道人心。有若故侍郎蔡聞之，宗人府府丞任啓運，研窮經術，敦樸可嘉。近者侍郎沈德潛，學有本原。雖未可遽目爲鉅儒，收明經致用之效，而視獺祭爲工，剪綵爲麗者，迥不侔矣。今海宇昇平，學士大夫，舉得精研本業。其窮年矻矻，宗仰儒先者，當不乏人。奈何令終老牖下，而詞苑中寡經術士也。內大學士九卿，外督撫，其公舉所知，不拘進士舉人諸生，以及退休閒廢人員，能潛心經學者，愼重遴訪。務擇老成敦厚，純樸淹通之士，以應精選，勿濫稱朕意焉。至是，大學士九卿等保舉經學人員。遵旨再加核實以聞。疏上，奉諭旨：保舉經學之陳祖范、吳鼎、梁錫璵、顧棟高，既據大學士九卿等，公同覆核，衆論僉同。其平日研窮經義，必見之著述。朕將親覽之，以覘實學。在京者，俱交送內閣進呈，其人著該部帶領引見。在籍者，行文該督撫就取之。朕觀其著述，另降諭旨。或赴部引見，或年老不能來京者聽。嗣於八月奉諭旨：據王師摺奏，保舉經學之陳祖范、顧棟高，年力老邁，不能來京。陳祖范、顧棟高，俱著賞給國子監司業職銜，以爲績學之勸。所有著述，留覽。尋授吳鼎國子監司業，授梁錫璵額外司業。

三十八年諭：前據辦理四庫全書總裁，奏請將進士邵晉涵周永年余集，舉人戴震楊昌霖，調取來京，同司校勘，業經降旨允行。但念伊等現在尚無職任，自當予以登進之途，以示鼓勵。著該總裁等留心試看年餘，如果行走勤勉，實於辦書有益，其進士出身者，准其與壬辰科庶吉士一體散館。舉人則准其與下科新進士一體殿試。候朕酌量錄用。

四十五年諭：原任陝西撫巡畢沅，保奏關中書院掌敎進士戴祖啓，著加恩以國子監學正學錄用。

九　考課

按虞書，『三載考績，三考，黜陟幽明。』周官，『六計弊羣吏，』以廉爲本，重有守也。漢法，刺史以六條察二千石。唐以四善二十七最課其屬，分九年定考。金制十七最，視唐爲簡易矣。宋遼元明代有考課之法。然如明代邱橓所奏八事，請託公行，貪墨不禁，徇資格以判等差，結私交而忘公義，則察吏之典，固已蕩然。清朝廷鼎之初，懲明季之舊習，重爲掃除。京察大計時，內而六卿，外而督撫，或加銜，或鐫級，或竟罷斥之。莫不指其優劣，立示勸懲。凡朝覲官員，召對殿廷，申嚴戒飭，至再至三。聖祖御極六十餘年，每優擢廉吏，皆至顯官。世宗時，吏治肅清，小廉大法。乾隆以後，考試詞垣，澄清臺省，督撫藩臬，定朝覲之期，守牧令丞，拜章服之賜，兼以六飛巡幸所至，入疆循覽，褒擢時加，昔之以勸農課桑，觀風問俗爲殿最者，至是而得其實焉。清代選舉之法，於斯大備矣。

天命八年奉諭旨：朕於「八和碩貝勒」，設大臣八人副之者，欲察其心也。誰則以己之事人之事視爲一體，而公以持論；誰則於己之事非是，不自引咎，而變色拒諫；爾八大臣公察之。知其非，卽直言責之，不受以聞。朕設爾等之意，此其一。至於國事之何以成，何以敗，當深爲經畫。有輔弼帝業者，則稱其堪任而舉之。有才不勝任者，則指其無能而劾之。此其二。總兵以下，及諸武臣凡行軍之事，宜謀其何以得，何以失。若野戰須何器具，若攻城須何器具，凡應用者修治之。能將兵者則稱其能，不能將兵者則指其不能。此其三。若不肖者不降不革，則惡無以懲。賢者不舉不用，則善無以勸。爾等果能經理國事，各得其宜，則朕之心自泰然而愉快矣。

天聰八年，考察各官，以撫養之善否，戶口之繁簡，分別優劣。參領般廷輅，所轄損耗甚多。更改冊籍，詭稱逃亡病故。所司察核，知屬揑造。上以其不善撫循，既至民數耗損，且素行詭譎，遂誅之。筆帖式席喇布爲廷輅改造冊籍。亦鞭一百，貫耳鼻。

崇德八年，都察院奉諭旨：爾等俱係朝廷風紀之官，向來諸王貝勒貝子公等，辦理國政，及朝謁勤惰，原屬吏部稽覈。今官員聽之吏部。王貝勒等，應爾衙門稽察。有事應糾參看，須據實奏聞，方爲稱職。若瞻徇隱匿，有負總憲之任，三年考覈，必不少貸。

順治二年，四川道監察御史張濩疏言：盜賊竊發，皆因有司惟知善事上官，不暇軫恤民瘼。今有司殿最，宜以守已端潔，實心愛民者爲上考。撫按註冊違部。久任責成，三考奏績，不次擢用，若僅幹理簿書，惠鮮無策，雖有才能，止注中考。下部議行。

四年，吏部奏言：計典三年一舉，乃舊例也。目今廣輿大勢，漸次盡入版圖。請以三載考績爲定制。自順治五年，至七年，合天下之羣吏而大計之。庶大典畫一，易爲遵守。塡註考語，用才守政年四格。才則或長或平或短；守則或廉或平或貪；政則或勤或平或怠；年則或青或中或老。督撫按考定咨達部院衙門。吏部考功司，吏科河南道，詳核去留。吏部都察院嚴核。造報不實者指參。其八法處分貪酷革職提問罷軟不謹革職年老有疾休致，才力不及浮躁者，酌量降調。雖有加級紀錄，不准抵銷。大計處分官員，不准還職。

八年，奉諭旨：國家設官圖治，必公忠自持，殫力報効，方能裨益民生，共襄盛治。若藉權行私，肥已囊國，不知開代紀綱，不念民生疾苦。此等不肯自愛之人，徒取備員，毫無實效，皆由用人無定衡之故。朕自親政以來，屢下詔諭，嘉與更始。近見部院諸臣，因仍前弊，未能滌洗肺腸。托名熟練，持祿養交，習爲固然。其有年屆懸車，貪戀爵祿，豈眞有心報國？不過假借朝廷之官，爲養身之計。朕今令吏部具列各部院堂官職名，親行更定，與天下見之。

又奉諭旨：邇來吏治弊壞。不肖者朘剝民財，營求陞轉。稍知自愛愛民者，因上官舉薦不公，不覺操守頓易。至於不識文義之人，益不勝任。文移招詳，全憑幕友代筆。轉換上下，與吏役通同作弊，貽害百姓。督撫不行糾察，大乖法紀。嗣後應嚴行甄別。有德有才，兼通文義者，著保奏。其不識文字，聽信吏役害民者，立行參劾，不得姑留地方。如督撫徇情隱蔽，不行糾參，卽爲溺職事發一併治罪。至於銓選之時，爾部考試告示文移等項，優者選用，劣者除名。澄清吏治，大端在此內外各官，著遵諭實力舉行。

十年，上幸內院，閱大計疏，請大學士范文程曰：『貪吏何其多也！此輩平時，侵漁小民。茲當大計之年，亦應戒懼。』文程奏曰：『彼平居未任時，亦知貪吏不可爲。一登仕籍，則見利智昏矣。』上曰：『此由平素不能正心之故也。苟識見旣明，持守有定，安能爲貨利搖奪乎？』

飭各衙門事，依限註銷。六科奉諭旨：朕惟內外本章，關係民生國計，豈宜遲延時日？如往年部臣稽遲事件，朕察出罰治。而科臣竟不預行摘參，又不具奏認罪。己職不盡，何以糾人？著六科將六部都察院，從前奉旨應銷事件，挨順年月，各造淸冊，逐月進呈。以後均照舊例，嚴行註銷。應催完者催完，應摘參者摘參。務使各衙門承行事件，刻期註銷。其行各督撫按者，亦定限報完。內無留滯，外無推諉。若瞻徇容隱，罪必不宥。

故事：三年大計，冊報責在撫按，考察責在部院，糾拾責在科道。順治四年，科道拾遺，被處者多。科臣魏象樞疏奏拾遺緊要。得旨：以後科道糾拾官員，照大計一例處分。科道官有挾私妄糾者，著吏部都察院指實參奏。

又奉諭旨：翰林官不下百員。其中通經學古，與未嘗學問者，朕何由知？今將親加考試。先閱其文，繼觀其品，再考其存心持己之實據，豫求其學備朕異日顧問。尋經考試，御筆親定去留。諭吏部曰：『國家官人，內外互用。在內者習知紀綱法度，則內可外；在外者諳練土俗民情，則外亦可內。內外敭歷，方見眞才。朕親試詞臣，量爲分別，有照舊留任者，有改授外任者。其外任編修以上官，照詞臣外轉例，優與司道等缺。如年衰病弱者，聽其請告，朕優遣之。

吏部都察院奉諭旨：朕惟內外官員，佐理天下。外官計典，十年內已三舉行。京官殿最，亦常察核。除吏禮侍郎，及學士詹事等官，朕親行考試區別外；其六部等衙門，有年老疾病，不能任事，及素行不孚衆論，或才力可外任者，俱令各部堂官，自行詳察嚴核，彙送吏部都察院，同吏科河南道議奏。其通政司大理寺太常寺太僕寺等衙門堂官，開送吏部都察院，同吏科河南道察核具奏。嗣據各衙門甄別具奏，照八法例，分別辦理。

吏部奉諭旨：總督管轄兩省，巡撫專任一方。得其人則事治民安，非其人則叢姦滋弊，民受其害。如不行考核，賢否無辨，何以示勸懲？著以順治十一年起，爾部會同都察院矢公矢慎，將各地方總督巡撫，嚴加考核，分別確議具奏。不許通賄行私，朦蔽徇縱。向來推用督撫，但止舉侍郎布按。嗣復遇有督撫員缺，不拘品級，從公會推。擇其品行才猷素著者，將政績事實，詳註會推本內。毋得聽受鑽營，濫舉匪人。朕以澄清吏治責之督撫；考核督撫責之部院。如推舉不公，著都察院科道指實糾參旋甄別各直省督撫，稱職者加銜加級，不稱職者降級革職。分別處分，以示勸懲。

十一年，吏部奉諭旨：朝廷設立言官，原爲矢忠進諫，糾彈不法。近來言官，未見有建白切當，及糾參顯要者，皆因懼被論之人，反唇仇詰，遂爾緘口。自今以後，凡被論者，如有辨處，只許就所參事款，據實剖白。不許反唇仇詰，有乖法紀。言官亦不得挾私誣揑，自取咎戾。其參奏公私當否，或現任，或陞任，考察京官之時，該部分別核奏，以爲勸懲。爾部卽行嚴飭。

十二年，飭考選軍政，照文官卓異者，賜服旌勸。從兵科給事中張文光請也。

十三年吏部奉諭旨：國家考績之典，所以辨功能，昭勸懲，不可無畫一之程。自今以後，部院滿官，除有事故罪過外，三年俸滿者，二品以上，自行具疏，爾部分別議奏。四品等官，各衙門咨呈爾部分別議奏。朕悉覈其優劣，定爲勸懲。其六年一次會行京察之例：三品以上自陳，爾部會同都察院，察議具奏。四品等官各衙門咨呈爾部，仍會同都察院，察議具奏。朕皆親核優劣，以定去留。考察之時，加陞者，有罪者，及才能不及老疾等項，詳細開列。永爲定例遵行。部院滿官，今年即照此例考滿。

奉諭旨：朕所與共圖治安者，惟監司守令是賴。歷年考績，責望甚殷。何爾等之泄泄從事也？朕親政六載於玆。勵精圖治，不敢懈逸。振飭官方，未嘗寬假。今又當大計之年，而治猶未進，民猶未安。錢糧逋欠，盜賊竊發。大者仍不法，小者仍不廉。致上之德意，無由下究；民之疾苦，無由上聞。非爾等失職之故與？已嚴飭所司，重懲貪酷，俱如例降革外，姑準爾等仍服原官。毋謂塗飾可以久施，毋謂僥倖可以常侍。宜各正直存心，清廉持己，勉圖後效。

吏部奏言：滿官京察則例，凡三品以上滿洲官，俱於考察之前，具本自陳。有出征奉差者，事竣之日補陳。四品以下，不論出征奉差，俱由堂官詳加考核，註明賢否，密送部院。內三四品以下官，吏部都察院會同內三院考察。六科掌印官，聽部院考察。其餘均由各科掌印官，開列實蹟，註明考語，彙送部院。其考察事宜，俱照八法處分從之。

十七年，考核在京官員。吏部奉諭旨：國家政務，委任庶官，必大小臣工，咸得其人，乃可共襄化理。在京各衙門官員，宜加澄敘，以勵官常。大學士尚書等，俱著自陳。侍郎以下，俱著開列職名，候朕親行甄別。嗣以吏部甄別具奏。以外省各督撫，任內功過稱職與否，飭該部詳加甄別。都察院左都御史魏裔介，疏請行糾拾之法，以補甄別之所未及。內而京官，外而督撫，不拘現任丁憂告假養病，應悉照京察事例，令科道各官，遇有見聞，卽據實糾劾。下部知之。

十八年，定考核御史，立爲上中下三等。其在地方，清愼端嚴，恪遵上諭，潔己愛民，奬廉去貪，興利除害，聽斷明確，鋤蠹捍患，軫恤民瘼，察核錢糧，招撫流移，墾荒興學等事，無不修舉；又能大破情面，糾察地方惡官劣矜者，照例酌量分別加級紀錄，回道管事。其次謹愼奉法，察吏安民者，准其回道管事。其行事碌碌，無實政及民者，參送吏部，降調外用。至於有徇情貪賄等弊，即訪確據實糾參，革職治罪。

康熙元年，吏部議：嗣後大計，布政使按察使俱停其入覲。布政使以參政，或參議道一員；按察使以副使，或僉事道一員代覲。從之。

又吏科都給事中，嚴沆疏言：在京三品以上，及督撫等官自陳；宜將任內何事加級，何時紀錄，何事曾經鐫罰，何日曾被糾彈，何項應罰而蒙寬宥，一一開列，以明晰無遺爲準。不宜侈張勤勞任事之浮詞，以混澄敘官方之大典。臣見近時督撫諸疏，竟有鋪張累幅，稱詡不已者，殊大失陳告之體。請敕部嚴行申飭。下部議行。

奉諭旨：內外大小官員，歷俸三年考滿，視其稱職與否，即可分別去留，以示勸懲。此外又有京察大計之例，實屬故套。且考察之時，多有營求徇庇。被處之官，縱有屈抑，不准申辨，無罪被誣者甚多。今思澄肅官方，祇在實行勸懲，不在踵襲繁文。多立名色，以後官員貪酷昭著，及不能稱職者，在外督撫不時參劾，在內各衙門堂官科道糾察。其京察大計，應行停正。

四年，山西道御史季振宜，條陳停止考滿三疏。一言自行考滿以來，臣見部院大臣，上疏自陳，不過鋪張履歷功績，博朝廷表裏羊酒之賜。至堂官考核司屬，朝夕同事，孰肯破情面秉至公？其中鑽營奔競，弊不勝言。況今自尚書以下，悉按品陞補，與考滿全無關涉。自正月至四月，皆自陳考滿之日。一人一疏，以數千計。加之六部覆奏殷繁，諸務叢脞，弊從此生。請停考滿之法。申飭羣工，循名責實，安心辦事。止照停序陞轉，庶息躁進之風。一言外官考滿，改八法科條，以五等爲優劣。數年以來，其弊尤大。卽如州縣官由府廳至督撫經五六衙門。各上司豈盡不受賄賂，不徇情面，一憑公道，品隲優劣者乎？若層層剝覈，州縣力不能堪，勢必侵欺國帑，剋剝小民。以賄屬上官，希圖越分陞轉。相習成風，莫可挽回。請嗣後直隸各省，不肖官員，祇責督撫不時糾劾。其任內無參罰註誤者，吏部照俸陞轉。一言武職考滿，副將以下，莫不營謀優等。武官無錢糧侵挪，勢必扣剋窮兵糧餉。設有意外盜賊，綠旗窮兵，精力銷於飢寒，器械罄於典鬻，貽誤封疆，不無隱憂。請嗣後凡歷俸深功次多者，兵部按籍陞轉。其生事擾民，不修營伍，侵蝕兵餉者，令提督不時糾參。得旨：考滿之典，原欲分別賢否，以示勸懲。近因內外文武各衙門，考核各官，多係優等，劣等者少，故有旨改爲三年彙考。據奏各官徇情鑽營等弊，且章奏繁擾，實於勸懲無裨。下議王貝勒大臣等議覆。嗣後各官陞轉，照舊例論俸。部院滿漢官，有不稱職者，各堂官查參。直隸各省文武有不稱職者，該督撫不時題參。其自陳各官，均應停止。得旨允行。

六年，定舉行軍政事宜。各衙門所屬武職官員，各該管官詳核，填寫考語，開明四柱，一曰操守，或廉或平或貪。一曰才能，或長或平或短。一曰騎射，或優或平或劣。一曰年歲，或壯或中或老。並將各該員履歷，及有無在軍前行走受傷得功之處註明。分別應去應留，造册送部。其堪膺薦舉，必有行止端方，弓馬嫻熟，管轄嚴肅，當差勤慎，不擾害該屬，給餉無虛等考語，方准薦舉。其應行糾參之員，必有貪酷不謹，罷軟，年老，患病，才力不及，浮躁者，始行糾參。又敕各省提督，仍聽總督註考。京察各部院自陳官員，原品解任，革職降級，隨旗行走有差。

吏部議覆御史田六善疏言：卓異之員，以清廉爲首列。若非潔己愛民，不得濫叨大典。應如所請。督撫開報卓異，先論守，次論才。凡司道以下，推官以上，必開某官不派節禮，不索餽送，不藉端詐官，不生事擾衆。知府以下，知縣以上，必開某官不派雜差，不重火耗，不虧損行戶，不强貸富民。卽以清吏之有無，定督撫之賢否。從之。

給事中李宗孔請復薦舉。經部議考滿停止，現行大計，既有三年卓異之官，毋庸又行薦舉。卓異之員，不論本任及陞轉任內，一有不職，應將從前申詳薦舉等官，分別降革。得旨：前卓異薦舉，原係並用。後因舉行考滿，將薦舉停止。舉劾關係勸懲大典。今考滿既經停止，薦舉仍著復行。其卓異官，原任有事，薦舉官理應處分。至後任有事，仍將前薦舉官處分，永塞薦舉之路。又所擬處分之例太過，著再議。尋議：督撫司道等官，薦舉不實，降級調用。其卓異官，於薦舉之後，在本任內有不稱職者，免原舉官處分。

七年，吏部議覆左副都御史折庫納、金世德等疏言：督撫原有撫綏百姓之責。近例，處分止有貪墨欠賦，並違限錯擬等罪。而百姓失所，地方未治，並無處分之例。請敕部議定。如有百姓困苦流離，拋棄田地，地方毫無治理者，將該督撫革職，從重治罪。應如所請。從之。

停總兵官軍政自陳，聽總督提督考核。其無總督地方，聽提督巡撫考核。

八年，奉諭旨：部院等衙門，滿漢各官，應行澄敍，以示勸懲。大學士尚書三品以上堂官，俱著自陳。三品以下及四品以下各官，吏部會同都察院詳加甄別具奏。在外總督巡撫，係封疆大臣，著部院查明任內功過，稱職與否，詳加甄別具奏。於是甄別部院堂官禮部尙書布顏等七人，督撫莫洛等九人，或隨旗行走，或年老休致，或降級，或革職，或降二級留任。內陝西總督莫洛，巡撫白淸額，俱以輿情乞留，免其降革，仍還原任。

十二年，山西道御史馬大成疏言：康熙元年吏部議準各省大計年分，令道員代藩臬入覲。但藩臬總理一省錢糧刑名，熟悉地方利弊，嗣後請仍令藩臬親身朝覲。從之。

十九年，吏部等衙門會議，直省學臣試卷，停其解部磨勘。俟三年期滿，督撫以稱職薦舉者，照例以參議道用。以公明尤著保舉者，照例內陞京堂。若有徇情匿職等弊，應聽督撫查參。督撫徇情不參，被科道糾參，或別官首出，將督撫一併議處。從之。

二十三年，大學士等奉諭旨：各司官內雖有一二糾參者，皆係末員。其實庸劣無能，專恣行事，各部院中有朕所明知而不參者，可嚴諭指名題參。尋經內閣及部院衙門糾參才力不及，暨任妄行事王三省等三十六員，分別各降革有差。

二十五年，吏部等衙門議覆左都御史佛倫疏言：三年大計，令各省藩臬齎册入覲。既將地方情形，及興革利弊，具疏陳奏。查藩臬專理一省錢糧刑名。伊等來京朝覲之後，委員代理。或致錢穀刑名，舛錯稽遲，亦未可定。雖有條奏，不過細事塞責。况道途供應，或不肖官員，借端私派。嗣後大計，請將各省藩臬，及各府佐貳官員入覲之例，通行停止。照慶賀萬壽表章例，每省委道官一員，齎册入覲。至官員賢否去留，止以督撫文册爲憑，造五花册三本，分送吏部察院吏科。其藩臬所造册籍，分送各部院科道等項，亦請停止，以省無益繁費。均應如所請。從之。

二十六年，奉諭旨：設官分職，原以爲民。所在得一良吏，則民遂其生。今觀各官，雖有品行清潔者，但畏國法而然。如直隸巡撫于成龍之眞實清廉者甚少。若不從優褒獎，何以勸衆？可令九卿集議。尋會議：直隸巡撫于成龍，實心任事，並無勉强虛假之處。應賜獎勸，以勵官方。其優加宮保，出自特恩。至督撫各官內，如雲南貴州總督范承勳，山西巡撫馬齊，四川巡撫姚締虞，居官皆優。上曰：『范承勳等居官果善。但伊等尚有勉强之意。于成龍則出自誠心，毫無瞻顧。今人不往來大臣之家，則恐其意有不悅。如于成龍介然自守，無所交游，爲大臣者，其奈于成龍何著加太子少保銜，以爲廉能稱職者勸。

二十八年，吏部等衙門議覆山西巡撫葉穆濟疏言：大計不謹罷軟等官，雖經具疏，必俟部文到日，方行委官署理，交代離任。誠恐此等官員自知被劾，官箴民瘼，益罔顧恤，且致衙役乘機滋弊。請嗣後計參之官，及督撫不時題參之官，於拜疏之日，即行遴官署理。再武職官有不職者，其被劾之後，亦照各職例舉行。應如所請。從之。

四十三年，吏部奉諭旨：教職官員，必文義明通，方稱厥職。近見直隸各省教職官內，不諳文義者甚多。如此何以訓士？著行文各該撫，將各屬教職官通行考試，分別具題。嗣後俱照此例，不時考試。

四十四年，奉諭旨：嗣後薦舉卓異，務期無加派，無盜案，無虧空，民生得所，日有起色。其他所開虛文，俱不必入。

五十四年，奉諭旨：朕前日考試翰林，竟有不能詩文之人。詩中有用「則坎」等字者。此因朕素講易經，故皆濫用。不計切題與否，彼皆以荒疎已久爲辭。部院司官，有辦理之事，猶可云荒疎。翰林理應讀書，亦云荒疏可乎？

雍正元年，奉諭旨：國家養育人才，首重翰苑。既讀中祕之書，必當立品端方，居心敬慎，方不愧官箴。聞有僥倖之徒，平昔結黨營私，互相援引，轉爲請託。此風甚不可長。急當甄別以示勸懲。著大學士張鵬翮，尚書田從典，徐元夢，左都御史朱軾，侍郞張伯行，李紱，會同滿漢掌院學士，將翰林院詹事等官，不安本分，有玷官箴者，勒令解退回籍，無得徇情。

吏兵二部，遵旨議奏：嗣後大計軍政，除卓異八法照舊例舉行外，其平等官員，文職自知縣以上，武職自守備以上，俱於大計軍政之年，令督撫提鎭注明考語，送部察核。從之。

吏部議覆廣西總督孔毓珣奏言：廣西南太慶思四府缺出，舊例將桂平梧潯柳五府屬內人員，選擇調補，歷俸三年，具題報滿。今改爲揀選之員，五年報滿，與由部掣選之員，仍通省較俸陞轉，遲速不均。請將揀選人員，仍照本省調補之例，三年報滿；由部掣選者，五年報滿。應如所請。從之。

議准運弁陞調例：一守備千總，酌量繁簡保題調補。一押運千總，完運一次二次，俱准加衙。三次押運全完者，准其議敍即陞。一部發效力武舉，領運事竣，赴淮考核後，咨部推用。從漕督張大有請也。

舉行軍政，考選在京武職官員。奉諭旨：此係初次考選。爾等秉公考驗。內有出兵效力行走，年老俸深者，諸事尙能坐理，仍著留任。再人雖年老衰頹，不宜留任，而出兵效力之處甚多；將伊即行革退，致令無以度日，深屬可憫。應另行分晰具奏，朕自加恩。其雖無效力行間之處，而供職年久者；伊等身逢太平之世，何由經歷戰陣？爾等亦宜留心驗看。

二年，奉諭旨：三年一次，舉行大計軍政。此內有應革職者。若俟部議具題奉旨之後，方行解任；其地方遠者，爲日甚久。劣員預知被革，恐其恣肆妄爲。嗣後舉行大計軍政之時，有應革職者，即令解任。若具題之後，或應免其革職者，仍可再行補授。

三年，吏部奏請差湖南山東學政。得旨：從前學政主考，皆就其爲人謹愼者派往，並未考試文藝。其中竟有不能衡文者。著查奏應差之翰林並進士出身之各部院官員，俟朕試以文藝，再行差委。至三月，考試於太和殿。

吏部議覆左都御史江球條奏考試月官履歷摺子，止須簡明直叙，無用繁冗。履歷之後，請增一條議，以觀其才識。應如所請。從之。

左都御史尹泰奏言：定例監察御史試俸一年，不稱職者，以按察使經歷改補。請嗣後一年限滿，未能深信者，再試一年。庶賢否可以詳察。從之。

飭考試月官摺子，密封進呈。選人得缺之後，順治年間，令吏部當堂考其身言，糊名考其書判，分爲三等。進士舉貢，不論甲第，考案前後，總以考試等第爲次。其法未久卽停。至康熙年間，令寫履歷，以三百字爲限。又有九卿驗看之例。月官內有行止不端，出身不正者，各據見聞陳奏。後又定月選各官，所得地方繁簡難易，必預爲籌畫，何以治民，何以厚俗，以及催科撫字之術，讞獄聽訟之方，令各出己見，詳陳一二事，於繕寫履歷之後，以觀其才識。其補任陞任之員，令其將舊任地方利弊，明白敷陳。至是奉諭旨：月官條奏，厚欲觀其人之存心。今漸有將地方關係事務條奏者，伊等新進小臣，恐或受人囑託；或將條奏事件，在外聲揚，以沽虛名；或刻入文集。此等情弊，一經查出，必治以重罪。爾等卽明白傳諭，嗣後月官考試履歷，令其密封進呈。

吏部都察院奉諭旨：安民必先弭盜。盜風不息，皆由有司諱盜不報之故。不但江南地方，盜賊素多。近聞河南湖廣，路上有過往官員被刼者。州縣官賄賂事主，通同隱匿。司道既無覺察，督撫亦受朦蔽，以致盜賊無忌，貽害不小。不可不嚴行稽察。朕思巡按御史，久經裁汰，自不可復。今或於滿漢御史內，揀選賢員，酌量於湖廣江南浙江福建山東河南等處，每省各差二員，或兩省差一員兼理，令其專司稽察盜賊，並巡查驛站烟墩。倘有縱容盜賊隱諱不報者，許據實題參。一切地方事宜，差員不得干預。若生事滋擾，從重治罪。

四年，奉諭旨：嗣後遇京察之年，著內閣滿漢大學士吏部都察院吏科河南道，公同閱看。著爲例。

吏部兵部奉諭旨：凡因寃抑被參復職者，皆係朕持恩超拔之人。該員自應益加奮勉，以報格外之恩。嗣後此等人員，除因公詿誤外，若居官仍有貪酷不法者，應重治罪。題參虧空革職之員，補完開復，與捐復者亦如之。著行文各直省將軍督撫提鎮，一體遵行。

奉諭旨：居官立身之道，自以操守清廉爲本。但封疆大吏，職任甚鉅。洪範所稱有猷有爲有守，三者並重。則是操守者，不過居官之一節耳。安民察吏，興利除弊，其道多端。倘但恃其操守，博取名譽，而悠悠忽忽，於地方事務，不能整飭經理。苟且塞責，姑息養奸，貽害甚大。蓋此等清官，無所取於民，而善良者感之。不能禁民之爲非，而豪强者頌之。故百姓之賢不肖皆稱之。無所取於屬員，亦不能禁屬員之不法。故屬員之賢不肖者皆安之。大臣之子弟親戚，犯法則姑容而不行參革。地方之强紳劣衿，生事則寬待而不加約束。故大臣紳衿皆言其和平，而望其久留。甚至胥吏作姦而不能懲，盜賊肆行而不能察。故自胥吏至於盜賊，皆樂其安静，而不欲其去任。及至事務廢弛，朝廷訪聞，加以譴責罷斥；而地方官民人等，羣然歎息，以爲去一清廉上司爲之稱屈。此則平日模稜悦衆，違道干譽之所致也。且操守平常者，其心既不敢自恃，心懷畏懼，頗能整頓經理，事務不致曠廢。朝廷又時時留心訪察，一有不善，即加懲戒。而在朝之官員，及伊屬下之官吏紳衿人等，皆伺察其過，不肯爲之隱諱。是以此等之人，貽累於地方尚輕。而潔己沽譽之巧官，貽累於地方者更甚。朕深望爾等，爲明體達用之全材，而深惜爾等爲同流合俗之鄉愿。勉之勉之！

內閣奉諭旨：向來邊省地方，或烟瘴難居，或苗蠻頑桀，官斯土者，與內地不同。是以邊俸較腹俸之陞爲最速。今太平日久，亦有烟瘴漸消，風俗漸淳之處，仍照舊例題補陞轉，亦覺太濫。著九卿將各邊俸之缺，或係瘴癘未除，宜令督撫等題補，或係風氣已轉，可照內地選用，至文武原屬一例，武職官員亦應照文官遷轉之例，著一併議奏。尋議：凡文武邊俸，非保題調補之缺，俱與內地一體較俸陞轉。從之。

奉諭旨：月選各官考試履歷條奏，原以觀其學識，即知將來之趨向。今考試各官內，將所進履歷條奏，詢問本人，竟其不能奏對者，明係倩人代作，甚屬不合。嗣後如有預倩親友代作者，一經查出，將代作之人與本人，俱以違旨例治罪。

九卿等奉諭旨：各部漢司官，實能辦事者，不過一二人。其餘庸碌無能之人，偷惰安閒，實屬冗濫。今春京察，止將甚不堪者，革退數人。其餘概爲優容，此朕寬大之恩也。乃汪京祺查嗣庭等妄謂郎中員外主事等官，壅滯不得陞轉；至有「白首爲郎，十年不調」等語。此必司官中有不感朕寬容之恩，而以不得陞用私相怨望者。此等之人，既不能爲國家効力，而反以不得卽陞爲怨。又復多占員缺，阻塞後人陞補之路。甚非整飭官方之道。著各部堂官，將所屬司官，詳加甄別。有才具平常，目前不能辦事，將來不堪陞用者，盡行舉出，與應留辦事人員，一同帶領引見請旨。各部堂官，不得瞻徇情面，稍有容隱。

奉諭旨，向來革職留任官員，從前無開復之例。但年久奉職無愆，亦應示以鼓勵。嗣後革職留任之員，如四年無過，該督撫等題明，准其開復，著爲定例。

五年，奉諭旨：漢司官屢經侍班，朕得以認識。滿司官中，有不甚認識者。嗣後凡遇御門理事之日，著滿司官四員，漢司官四員，一體輪流侍班引見。若有條奏之事，卽於侍班時，密封具奏。止許條陳一事，不得以數事並奏。如此則司官之賢否優劣可知矣。

六年，奉諭旨：據山西太原總兵袁立松奏稱，平垣營守備梁玉，年已六十八歲，雖干八法，而精力不衰，且操守廉潔，辦事敏練等語。夫八法內開列年老者，蓋謂其衰老不能辦事，故令罷斥，並非限定年逾若干，卽入於八法之內。若限定年歲以爲處分，則年齒未老，而早衰不能辦事者，又將姑容之乎？況年老諳練事務之人，尤爲難得。倘精力可用，該上司當優待，以爲後進之表式。今袁立松將伊塡入八法參劾之內，殊非體朕愛惜人才之意。梁玉著仍留任。並令袁立松酌量，梁玉既年老歷練，若可勝遊擊之任，遇有缺出，著即題補。

奉諭旨：國家舉行大計，乃三年考績之大典。嗣後文武卓異官員，有犯贓不法之款，而審訊確實者，將從前列爲卓異之上司，一并議處。倘於該員未敗露之先，有能查出參奏者，免其處分。九卿尋議：嗣後文武卓異之員，原任內有濫行貪酷不法之處，原薦舉卓異之上司，不行揭報題參者，督撫提鎭降五級調用。司道府副將遊擊等均行革職。若文武官員卓異之後，或復回本任，或陞轉他省，別犯貪贓不法之款，其原薦舉之各上司，分別降級調用，不准抵銷。從之。

十二年，奉諭旨：各省卓異人員，俱有現任地方之責。每當大計之年，理應先行具本候旨，敕交部院查議。其與例相符，應准卓異者，奏聞，令其進京。其與例不符，不准卓異者，候朕酌量，應令引見與否，再降諭旨。如此則地方事務，不致廢弛，而與例不符之員，亦不徒費往返。將此永著爲例。

乾隆元年，奉諭旨：翰林以讀書爲職業。然讀書將以致用，非徒誦習其文辭也。古來制誥，多出詞臣之手。必學問淹雅，識見明通，始稱華國之選。今翰詹官員甚多，於詩賦外，亦當留心詔敕。掌院學士以下，編檢以上，可各以己意擬寫上諭一道，陸續封呈朕覽，即可以覘其文藝之淺深，並可以觀其胸中之蘊蓄。倘有切於吏治民生者，朕亦即頒發，見諸施行。則詞曹非徒章句之虛文，而國家亦收文章之實用矣。嗣後庶吉士散館後，即照此例行。

三年，奉諭旨：爲政之道，安民必先察吏。則自莅任之始，便當細察廣詢，詳加甄別。王謩署事東粵已及一載，而猶以屬員賢否未及深知爲言。其不留心於察吏可知。朕御極之初，曾有旨，著各省督撫，將屬員賢否具摺奏聞。彼時各省督撫，皆陳奏一次。乃今並無一人陳奏者。豈必待朕諭旨屢頒，而始爲遵旨敷陳了事耶？即督撫之身，不必更換他省，位居原任，而前後數年之間，屬員之新舊不一；即就屬員而論，彼一人之身，亦豈無改行易轍者？似此均當隨時奏聞。惟以秉公據實爲主，不可存苟且塞責之念，尤不可有瞻徇回護之私。如此則激濁揚清，不致差忒。而於察吏安民之道，庶有裨補。

四年奉諭旨：各省藩臬兩司，朕已令其陸續來京引見。至道府人員，亦係地方緊要職任。非朕親見無以知其優劣。著各省督撫查明除已經引見之道府，毋庸再行送部外，將未曾引見者，酌量本地情形，何時可以來京，給文送部引見。

吏部議覆鴻臚寺少卿查斯海奏：外省官員有干六法者，例得送部引見。惟京察被劾，向無引見之例。內外似未畫一。或以姿本英露，而堂官性多沉抑，即目之爲浮躁。或以質稍遲鈍，而堂官識多明敏，即棄之爲不及。且更有賦性戇直，舉止率略，不善應酬，遂以嫌隙而加之吏議。則廢置之中安知無片善寸長可以自效？嗣後京察六法官員，請照外省大計例，令各該衙門咨送吏部引見。恭候聖裁。應如所請。從之。

五年奉諭旨：朕恭閱皇祖聖訓，內載諭九卿之旨曰：『爾等俱爲大臣，天下督撫之賢否，應於平時留心細訪，以備顧問。誰廉誰貪，即行公舉。雖門生故舊，不爲徇庇。庶人皆知畏懼而勉勵矣。』乃者朕問時，或謂未經同衙門辦事，或自謂平時不接見人，知之不真。以此推辭，非理也。聖諭皇皇，切中情事。近日在廷諸大臣之習，亦甚類此。即如郝玉麟、鄂爾達，從前議處之案，皆從外省發覺，廷臣並未有參奏之者。又如王士任之劣蹟，德沛參劾之。岳濬之劣蹟，楊超曾參劾之。豈伊等未經敗露之前，在廷大臣等竟一無聞見，而必待督臣之舉發耶？朕統御寰區，一人耳目，豈能周知中外臣工之臧否？惟大學士九卿等留心訪察，有聞即奏；庶人人知所儆戒，共懍官箴。朕可以收明目達聰之益。且如王士任等，以督撫而不能自保一身之操守，皇考時並未有此也。朕用是愈滋愧懼焉。嗣後各矢丹誠，無稍瞻顧，則於朝廷進賢退不肖之道，大有裨益。

六年，奉諭旨：知府一官，承上接下，為州縣之表率，誠親民最要之職也。蓋小民之休戚，惟州縣知之最周；而州縣之賢否，亦惟知府知之最悉。是以雍正六年，皇考特頒諭旨，令各省督撫，甄別所屬知府，以昭懲勸。今各省郡守，未必無庸碌衰邁之員，著該督撫秉公甄別。如有年老龍鍾者，即勒令休致。或才具不勝知府方面之任，尚可內用部屬、外用同知通判等官者，亦分別具奏。與年老之員，一同送部引見請旨。庶守令相因整理，而於吏治民生，大有裨益。

八年，令翰詹官員中由部屬等官遷轉者，一體考試。翰林侍讀侍講以上，詹事府中允贊善以上，滿洲蒙古班，有由別衙門科目人員遷轉者，前屆御試之期，未經與試。至是奉諭旨：該員等已陞用翰詹，讀書作文乃其職業。既不似侍衞之足供差遣，又不似部屬之日辦部書。若徒虛糜廩祿，豈不貽誚素餐？且伊等雖不由庶吉士陞轉，實由科甲出身。縱使不能詩賦，如作論翻譯，豈得諉曰不能著於初七日，齊集候考。嗣後考試翰林時，即將此等人員一併傳齊，另題考試。永著爲例。

奉諭旨：朕惟養民之本，莫要於務農。州縣考成，固應用是爲殿最。而向來功令，不專以此課吏者，因其迹似迂愚，驟難見效。又或上官之察勘難周，有司之條教易飾。不似催科聽斷捕盜等事之顯而有據也。督撫察吏，每於此等本計，視爲老生常談，漠焉不甚加意。以致州縣之吏，趨承風旨，專以簿書期會爲先，而農事反居其後。職司民牧之謂何？不知爲政之道，本舉而末自隨之。如果南畝西疇，人無餘力；于耜舉趾，日無暇時。則心志自多醇樸，風俗自鮮囂陵。人知急公，而閭閻無待追呼矣。人知畏法，而盜賊因以寢息矣。本計既端，末事亦次第就理。如此則州縣之考成，似疏而實密。卽督撫之察核，可簡而不煩。日計不足，月計有餘。民生大有裨益，卽治道亦漸致郅隆。各督撫其共勉之。（按虞書「三載考績，黜陟幽明，」而考課之制緣以始。孟子言「入其疆，土地闢，四野治，則有慶。」周家考課之法，略見於斯。唐以四善二十七最課天下吏職。其云耕耨以時，爲屯官之最；則特爲屯田者言之，非以課守令也。清初重農務本，頗以民事爲先。上每問俗省方，咨詢穡事。每因麥秋在野，戒扈從騎士，毋得踐擾大田。稻秀黍華，見於賡詠。聖心勤懇，總以勉吏治而勸農功。尙慮直省守令，以課耕爲具文，而專事於期會簿書。是以特沛德音，下明詔，務俾阡陌循行，汙萊盡闢。青葱在望，滿目桑麻。戴記月令所云「命農勉作，毋休於都。」而減從輕騎，不使更增人吏之擾。庶幾本務旣得，家有蓋藏，則無事催科，而徵輸易集。無煩禁捕，而盜賊自弭。古帝王所以致治於上理者，率由斯道。考課之法，當以是爲要務云。）

奉諭旨：昔蕭何相漢，終擧曹參；羊祜佐晉，亦進杜預。薦賢自代，靑史稱焉。是以宋有詔觀察薦忠勇自代之條，金有敕宰臣奏賢良自代之諭。今三載考績，黜陟幽明，邦之要典。大臣徒遵例自陳，乞賜罷斥，而不舉賢自代。使遂其高尙，職將誰任乎？其以明歲爲始，大臣自陳乞罷斥者，令各舉德行材能堪以自代之人，隨疏奏聞。若一人兼數職者，材恐難全舉，二三人或三四人聽。食祿及韋帶之士均許，但不得舉同列，及位在己上者。著爲令。

監察御史章佑昌奏：三年京察，激濁揚清定例，部院衙門所屬官員，俱由該部堂官，塡註考語。惟是四五品京堂與正卿，分屬同官，並無統轄，往往俱置優等，立法似未周詳。請嗣後四五品京堂，照國子監欽天監之例，止令正卿，開寫各員事實，移送吏部都察院大臣，於諸員過堂時，秉公塡註考語。從之。

吏部議覆江蘇按察使李學裕奏：請令月選州縣官，考試律例，應毋庸議。奉旨：李學裕所奏，事屬可行。著卽於九卿驗看時，摘問律例數條，令其條對，與履歷一併進呈。著爲例。

九年，監察御史彭肇洙奏：將各省關係民生風俗之事，雖經題結，仍令戶部，計歲中某省旱澇豐歉；刑部，計歲中某省強盜奸淫鹽梟謀故鬥殺干名犯義案件若干，簡切詳明，按省分注，於封印日彙集進呈。此卽歲終課殿最之遺意。奉旨照所請行。

十年，奉諭旨：會典開載康熙年間，選拔庶常後，有選派讀講修撰編檢數員，爲小教習之例。教習漢庶吉士詩文四六。今科庶吉士，著掌院張廷玉阿克敦教習庶吉士之大臣德沛汪由敦，於現任講讀修撰編檢內，選派數員爲小教習。

十二年，奉諭旨：爲國求才者，若渴之心；以人事君者，忘私之義。朕於京察之年，令自陳大臣，各舉賢自代。乃夷考其中，瞻顧黨同，皆有所不免。是不可以不諭。如禮部侍郎楊嗣璟，以廣西人而舉本省之學政官獻瑤，不以官階越次爲嫌。內閣學士朱定元，舉雲南知府徐鐸。是皆藉口朕有韋帶之士，亦許薦舉之旨。不知朕云此旨，原以待出衆之才，必猷爲特達者而後稱。豈官獻瑤徐鐸輩，卽可舉以應明詔耶？此等處若謂無私，誰其信之？又如盛京侍郎，四人同在一城，而所舉彼此相同。顯係邪許會合，並不出於誠也。又如戶部侍郎李元亮，甫薦湖北臬司徐琳，而徐琳卽被總督塞楞額參奏，以爲辦事乖張，居心詐僞。李元亮之特保，何所取耶？又如廣西巡撫鄂昌，薦布政使李錫秦。上年託庸革職，因粵撫一時不得其人，卽用鄂昌署理，而用李錫秦爲布政使。適李錫秦在京，朕召見時，伊痛貶託庸之劣，而極稱鄂昌居官之優。今鄂昌卽舉李錫秦以自代。其何能免黨同朋比之嫌乎？書曰，『舉能其官，惟爾之能。稱匪其人，惟爾不任。』諸臣獨不聞之乎？嗣自今諸臣其克勉進賢之誼，勿苟且以塞責，勿假公以濟私，勿藏拙以廢公，勿勉强以從事。本省督撫，不得舉本省藩臬本省搢紳。亦不許舉本省官員。著爲例。

十三年，奉諭旨：朕令大臣自陳者，舉可以自代之人，凡以拔茅茹籲俊乂之意也。今吳同仁之囑周學健，乃以許兩千之數。朕不解焉。問之錢陳羣，始知二千之賄。其考績黜陟，豈可爲苞苴之門？豈朕若渴之誠，尚未喩於二三大臣耶？朕甚惡焉。其罷之。

十五年，奉諭旨：大計軍政，固三載考績之義，以示激揚。但文武大臣，具疏自陳，雖屬遵循成例，而於實政，未覺甚有裨益。蓋中外大臣，皆朕所簡用。既經委任，其居心之誠否，才具之短長，舉在洞鑒之內。如不能稱職，早已隨時甄別。其待至三年而計去者，實缺非要任，而人無大過，介在可否之間者。至於大臣恪供職守，正宜久任以收實效。而屆期輒求斥革，復降旨令照舊供職。拘成例而事繁文，非崇實務本之道也。至御前大臣，領侍衛內大臣等，或簡自勳戚，或拔從宿衛。其辦理閣部卿長，以及八旗職任，俱量才器使，非循實錄用者比。且伊等多世沐國恩，趨承左右。論其情理，亦不當引退就閒，甘心暇逸。而每至三年，亦循例求罷，是轉以疏遠自居。如君臣一體之義何？即如來保，自皇祖時，即已侍直內廷，迄今五十餘載，雖登七秩，而受恩如此其深且久，則自陳請解退職任者，義當然乎？抑明知其於理有未安乎？又何事此虛文爲也？前因宗室王公兼辦閣部等職者，俱係宗潢近派，特旨令不必自陳。嗣後御前大臣，領侍衛內大臣，御前侍衛，乾清門侍衛等兼理閣部及八旗事務者，遇大計軍政，俱著不必自陳。餘仍照舊例行。

奉諭旨：京官察典屆期。三品以上堂官，倘具本自陳。部院司員，亦俱令引見。而四五品京堂，則不在自陳之列。考核之後，亦不行引見。雖有吏部都察院塡註考語之例，不過按冊過堂，虛文應事。其中龍鍾庸劣者，既得姑容；即才具優長精力壯盛堪供驅策者，亦無由自見。於培養人才，澄敘官方之道，蓋兩失之。嗣後京察年分，吏部開列王大臣等職名，請旨特派數人，將四五品京堂，秉公分別一二三等及應留應去，具摺奏聞，帶領引見，以定黜陟。庶優劣分而人知激勸，於實政有裨。其王大臣等之是否秉公據實，亦不能逃朕洞鑒。即於本年爲始。著爲令。

十七年，奉諭旨：京察之年，部院大臣，各省督撫，循例自陳求罷，候旨照舊供職。此雖三載考績之義。但卿貳職贊機務，督撫任寄封疆，朕量材簡擢，日復於懷。其有不副委任，或克稱簡畀者，率已隨時黜陟，斷無遙待三年之理。凡可俟之京察解退者，不過閒曹冷署，年力衰昏，而又非有大過，介於可去可留之間者耳。且身列大臣，謬以斥罷爲辭，是相率爲僞，誠無謂也。嗣自今內而部院，外而道府，京察大計之例，仍舉行以昭激勸。其自陳繁文，著停止。武職，五年軍政視此。

十八年，奉諭旨：前經降旨，四五品京堂，特派王大臣秉公分別去留，奏聞引見。至三品京堂，則非尙書侍郎比也。今旣不令自陳，轉得以散地容其濫竽可乎？其令吏部於京察時，將伊等事實另繕淸摺，候朕親爲裁奪。

奉諭旨：刑部議駁外省題達案件，經督撫遵駁改正者，司員並邀議敘。夫指駁案情，必有首先立議之人。乃將各員通行議敘，其中隨同畫稿，並學習額外之員，均得濫邀敘錄，非核實之道。且由刑曹陞調別衙門者，恃有加級紀錄，可以抵銷，往往不肯認眞勉力辦事。因思吏部司員，向因議處之案，較多別部。僅將承辦之滿漢司員各一人，開送議處。此雖非正例，然以吏部議罰，可以通刑部議敘。其於考課之法，方爲平允。嗣後刑部各司，遇有因題駁議敘者，著照此旨行。

奉諭旨：藩臬兩司，履任三年屆滿，請旨陛見，乃古述職之意。朕得隨時察看，以備簡用。其奏請未經允准，次年以後，每年俱應復行具奏。若又待三年之期，是六年矣。近年各省藩臬中，具奏之例，多未畫一。該部可通行傳諭，嗣後均照此旨行。

十九年，奉諭旨：湖廣總督開泰奏稱，截取舉人李兆龍，看其年力，不特不堪知縣之用；即改補敎職，並恐難司訓迪，已勒令休致，咨部等語。知縣爲舉人應選之缺，其中有衰邁濫竽者，自應愼重甄別。但改補敎職，已屬降等。今開泰於截取之日，未試以職，卽行淘汰。雖曰加意甄別；然若輩讀書上進，卽年力才分各有所限，而窮年苦志，竟不獲一登仕版，揆諸情理，未免過當。此正所謂過猶不及也。朕總理庶政，務在持平，未嘗稍有畸重畸輕之見。李兆龍既不勝知縣之任，著仍以敎職用。

二十四年，奉諭旨：向來內外文武三品以上大員，遇京察軍政之年，援例自陳。文具相沿，無裨實政，曾經降旨停罷。第念伊等洊陟崇階，並由特簡。其人賢否優劣，雖已均在洞覽。然其間不乏旅進旅退苟圖持祿戀棧之人。若以平時既無大過，足干吏議，又不按例甄錄，任其迴翔日久，必致職業不揚。甚非澄敘官聯之道。嗣後吏部於京察時，將在京之尚書侍郎以下至三品京堂以上，在外之總督巡撫，分列爲二本。兵部於軍政時，將在京之都統副都統，在外之駐防將軍都統副都統，各省之提督總兵官，分列爲三本。繕具簡明履歷清單，進呈候朕鑒裁，以重考績大典。著爲令。

奉諭旨：愛必達奏，楚姚總兵陳益，將陛見起程，舊疾復發，請緩至七月。提鎮履任三年，令具摺奏請陛見，其人才優劣，精力盛衰，並可隨時體察。今陳益因來京稱疾。貴州提督哈攀龍，自云病愈來京，而言辭步履，依然不能自主。福建提督馬負書，又因來京，忽値感冒風寒，不卽就道。夫疾病雖常有之事，然若無陛見之例，其甚不堪者，幾資其養拙戀棧而姑息之督撫，或且以爲無礙姑容。則害戎政爲大矣。卽督撫膺一省重寄，藩臬任方面專司，吏治民生，所繫尤爲重大。若以往來資斧計議，則尙謂之封疆大臣乎？且如胡寶瑔，無歲不請陛見，而總未允其請。嗣後督撫藩臬皆宜如提鎮之例。若朕深知，及有要務者，自不令其亟來也。

奉諭旨：直隸州知州，調取引見，應與道府各員一併按照省分遠近，酌量分別年分，著爲定例。直隸山東山西河南等省，著以六年爲期。江西浙江湖南湖北陝西甘肅等省，以七年爲期。雲南貴州四川廣東廣西福建等省，以八年爲期。庶該員等赴部之期，既屬適均；而甄擇人材，亦爲有益。

三十年，奉諭旨：藩臬兩司有奏事之責。乃或摭拾尋常事件，及更改一二律例，俱於實政無裨。至附奏年歲晴雨情形，又多仿照督撫所報。而於地方要務，未有專摺入告者。如近日豫省河陰縣民，因歸併滎澤，聚衆罷市。巡撫阿思哈時値迎鑾行在。該藩臬雖一面具稟，一面親往拏究。但巡撫公出，諸事責在兩司。豈有遇此等重案，猶待據稟具奏者？雖督撫隨時陳奏，兩司固不便攙越。然使皆存顧忌，概不發言；將督撫倘有敗檢骫法之事，勢必徇隱欺矇，所關更鉅。嗣後兩司於地方要務，有應陳奏者，卽以奏聞。又從前保舉堪勝知府，皆以督撫爲政。今後如再有應行保舉時，兩司會同參核，以昭公慎。

奉諭旨：各省道員副將，歷俸六年以上者，向俱送部引見。該督撫將伊等勝否臬司總兵之處，聲明奏聞。今思臬司總兵，均係大員。道員等堪勝與否，朕原可於引見時甄定。且恐循行日久，視爲具文。屬僚或藉爲干進之階，而上司亦以爲市惠之地，於政體轉有關係。嗣後著概行停止。

三十三年諭：向來部院各衙門，京察屆期，所有列入一等人員，均由吏部帶領引見。至二三等留任各官，並無引見之例。該堂官等以循分供職，無關黜陟之典。且人數衆多，其中卽有年力衰庸，不無稍爲姑息。人材既難考核，公務未免曠緜，？大典何由克副。嗣後京察，二三等人員內，凡年至六十五歲以上者，並令吏部一併帶領引見，候朕鑒定。庶曹司不致濫竽戀棧，而該堂官甄別公私，亦可立辨。於澄叙官方，益昭慎重。著爲例。

又諭：向來各部司員補授御史，該堂官等有奏請仍兼本部行走者。雖爲熟諳部務起見；但御史有稽查各部之責，若仍令兼司部務，不無意存瞻顧。嗣後司員，改任御史，奏請留部之處，著永行停止其現在御史中兼部行走者，並著撤回。

三十六年諭今日吏部引見京察人員比較單內，翰詹衙門保送一等者，已較上屆爲多。其外又有兼部行走之員由部註考，仍赴本衙門引見雖屬循例辦理；但此等人員，既以職係翰林，不佔部員之數。而翰詹衙門，又以由部保薦，聽其溢於舊額。似此兩相影射，浮濫潛滋，殊非愼重考績之道。所有此次兼部翰林之保列一等者，俱著撤去，不准帶領引見。嗣後滿洲翰詹各員，有兼部行走列在一等者，卽入於各該部保送員數內，一體比較。其仍歸本衙門另班警敘之例不必行。又各部院衙門，有到任未滿半年之員，仍由原衙門註考者，該堂官往往曲爲奬藉，冀博寬厚之名。按之激揚大典，究乖核實。此等人員，任事之日既淺，卽才猷出衆，何妨暫置二等，俟下屆再登薦剡，奚事亟亟於此一時爲耶？著自今年爲始，卽爲查明改正。所有原衙門註考之例，永行停止。至各衙門人員在繙書房行走者，因其給事勤勞，亦准保送一等。向例，由該管大臣註考，而引見則仍歸各本衙門，並不於單內註明，尤易混濫。此後繙書房，准其自爲一項，吏部另行帶領引見。候朕閱定後，卽爲將來比較之數。並著爲令。

又諭：太常寺鴻臚寺讀祝鳴贊等官，其職專於宣贊，自以儀嫻聲亮者爲優。間有陞任各部院衙門者，仍兼本寺行走，遇典禮執事如常，並不藉其專心部務，與翰林兼部者不同。是其考察，又當責其本寺堂官，而不必歸於部院矣。乃向來京察太常寺鴻臚寺官陞任部院者，皆由所陞之缺註考，而本寺置之不問，所列一等，率取其次者濫充，既非所以示平允，亦不足以昭勸勵。即如前日引見鴻臚寺京察人員，該寺因永信已陞刑部，而以伍林泰爲一等。其永信在刑部，不過旅進旅退，即二等尙屬過分。而在鴻臚傳贊，實爲傑出之員，迥非伍林泰所能及。因將二人等第更置。今日太常寺之德明札爾漢亦然。若仍拘泥成例，於造就人材之道無益。嗣後讀祝鳴贊等官陞任後，仍兼本寺行走者，俱由該寺堂官註考保送。著爲令。

又諭：本日引見京察各員內，翰林庶吉士亦有列入一等者。該員尙未散館授職，不應遽膺薦剡，著撤去。嗣後庶吉士保列一等之例，著停止。

三十七年諭：嗣後各部司員，派出坐糧廳當差者，除京察仍依舊例，由倉場衙門分別出考外；其有於任內值報滿之期者，吏部且不必行文截取，俟該員差滿回部後，再行知照該堂官，分別繁簡，及是否堪勝外任之處，咨送吏部引見。著爲令。

三十八年，奉諭：嗣後遇大計之年，著督撫等於藩臬考語，另摺具奏聲明，交部存案。毋庸再於本內夾單。著爲令。

四十年諭：御史邱日榮所奏京察人員，必本衙門歷俸三年，方准保送一等。意在杜絕躁進之風，所言不爲無見。卽不能照外省拘定三年，亦當酌示限制。著該部詳悉妥議具奏。尋議：京察人員由別衙門陞調新任，及由外任陞補京職人員，在現衙門歷俸已滿一年，方准一體保送。從之。

四十二年諭：向來各衙門保送京察一等人員，俱照上次數目比較，甯缺毋濫。引見時，吏部開單進呈，候朕閱定。於甄簡材能之中，仍寓愼重激揚之意。惟是每次比上屆少一人，下屆又比此次少一人，遞行遞少，勢將無所底止，亦非所以示鼓勵。嗣後吏部引見進呈比較清單，將上兩次數目一併開列。若此次比上屆多一人，而較之再上次數仍相仿，卽可毋庸裁減。將來吏部較核，亦以此爲准。如此酌中定制，旣無慮濫膺保薦，亦不至屈抑人材。著爲令。

令道府以下等官，終養服滿，由本籍督撫驗看，分別奏咨。浙江歷任巡撫三寶，奏請道府廳州縣等官，凡遇病痊起用，以及終養丁憂服滿，請咨赴選者，均由本籍督撫驗看。如果年力不至衰庸，查叙原咨考語，給咨赴部引見補用。佐雜各員咨部銓補。倘精力就衰，難勝原官之任，即行據實分別奏咨降補改教，勒令休致，以昭慎重。或其中有不甘廢棄，情願來京引見人員，即照大計六法人員情願引見之例，准其給咨赴部引見。從之。

四十九年諭：據福崧參奏石門縣知縣朱麟徵，因地保張奕高承催錢糧，多未完納，令役責處。張奕高推諉不服，出言唐突。該縣將張奕高重責三十板，旋因傷重斃命。請將張麟徵革職等語。所辦未免過當。知縣身膺民社，如於所管人役有因私挾忿責處致斃情事，自應參奏革職治罪。今朱麟徵於地保徵催錢糧，多未交納，且又挺撞本官，責處三十板，亦屬按法決責，不得謂之濫刑。若因此而概請革職，則將來州縣所管吏役保約，皆得有所依恃，挾制本官。於實力辦公之道，殊多未便。嗣後如挾嫌逞兇，致斃人命者，仍照例辦理外；如事屬因公，按法責斃所屬人役，該督撫止須奏請交部議處。部議時，亦不過降級留任，已足示儆。不得遽行革職，致啓胥役刁惡之漸。著爲令。

終